米堆学堂丛书 小/白/理/财/系/列

一看就懂的
理财课

开课吧◎组编
迟帅 瑞秋 邵明珠 杨钟◎编著

新手理财的目的不是实现财务自由,而是在不占用太多精力的前提下,实现资产的保值、增值,从而能够更专心地精进事业、增加本金。本书基于普通投资者的角度,从风险、收益、流动性三个方面分析市场上的多种不同投资标的,注重可行性,既有理论,也有实操,帮助新手搭建适合自己的健康理财体系。

本书适合时间和精力有限、专业金融知识不足、风险承受能力较低的普通投资者,以及对理财感兴趣的读者阅读学习。

图书在版编目(CIP)数据

一看就懂的理财课/开课吧组编;迟帅等编著. —北京:机械工业出版社,2021.7

(米堆学堂丛书)

ISBN 978-7-111-68621-7

Ⅰ.①一… Ⅱ.①开… ②迟… Ⅲ.①私人投资 Ⅳ.①F830.59

中国版本图书馆 CIP 数据核字(2021)第 134368 号

机械工业出版社(北京市百万庄大街 22 号 邮政编码 100037)
策划编辑:张淑谦 责任编辑:张淑谦 王 涛
责任校对:张艳霞 责任印制:邰 敏
三河市国英印务有限公司印刷
2021 年 8 月第 1 版·第 1 次印刷
148mm×210mm·5.875 印张·101 千字
00001-11500 册
标准书号:ISBN 978-7-111-68621-7
定价:69.00 元

电话服务	网络服务
客服电话:010-88361066	机 工 官 网:www.cmpbook.com
010-88379833	机 工 官 博:weibo.com/cmp1952
010-68326294	金 书 网:www.golden-book.com
封底无防伪标均为盗版	机工教育服务网:www.cmpedu.com

前　　言

近年来，我国经济平稳发展，居民财富随之大幅增加，很多人把目光投向了各种标准化的金融产品。

当居民参与金融产品投资时，即成为投资者。根据风险承受能力和专业知识水平的不同，投资者又分为普通投资者、合格投资者和专业投资者。在投资前大都需要做风险等级测试，大部分投资者缺乏金融专业知识，抵御投资损失的能力比较弱，属于普通投资者，不太适合独立开展高风险投资。因此，更好的建议是，普通投资者把钱交给正规金融机构，委托专业人士打理。

日益规范和成熟的资产管理市场为普通投资者提供了越来越多的选择。如何选择适合自己的产品，以及怎样用科学的方法投资，都是投资者需要学习的。这个过程不难，但也绝不简单。

要知道，每个人只能赚到自己认知范围内的钱。

在认知还没有准备好的时候，就迎来赚钱的机会，并不一定是好事。一开始就赚钱，往往会让投资新人轻视市场，低估风险，从而投入大量资金。最终，凭运气赚的钱，也往往会因"实力"亏掉。

比如，在过去的2019年和2020年，都是所谓的"基金大年"，权益类基金普遍取得了不错的收益。公募基金的规模一步步扩大，在2020年年底突破了20万亿元的市场规模。然而公募基金的扩张并没有就此停止，2021年4月刚过，我国公募基金的规模就已经达到了35万亿元。

而在"基金大年"入场的新投资者，如果因为高收益率的诱惑，在2020年年底、2021年年初加仓，多少都会经历一段时间的亏损。

用什么钱投资，投资什么，投资的时机，有何风险……这些问题都需要学习，加强对投资者的教育已迫在眉睫。

本书基于普通投资者的角度，在现有繁杂的投资产品中挑选了一些适合不同资产配置需求的品类，从风险、收益、流动性三个方面分析它们的特点，并给出投资方法和具体实操建议。

本书由米堆学堂理财教研团队的老师编写，书中将涉及很多学员刚开始学习理财时遇到的困惑和理财误区。

希望读者在阅读本书时，除了学习书中的投资之术外，更能理解本书想要传达的投资之道：投资并不是我们生活和梦想的"万能解药"，我们之所以学习投资方法，

前言

是为了用正确的投资习惯更好地规划自己的生活,让收益帮助我们缩短与梦想的距离,把正确投资所节省下来的时间和精力投入到更有价值的地方,比如更好地工作和学习,更多地陪伴家人等。

参与本书编写的有米堆学堂的迟帅、瑞秋、邵明珠和杨钟。由于编者水平有限,书中难免有不足之处,恳请广大读者批评指正。

编　者

目 录

前言

● 第一章　普通人的财务自由之路 …………………………… 1
　第一节　你真的想成为有钱人吗 …………………………… 3
　第二节　财务自由到底需要多少钱 ………………………… 7
　第三节　"4个口袋"下的合理资产配置 …………………… 9
　第四节　复利是奇迹，也是"毒鸡汤" …………………… 12
　　一、本金：第一件重要的事 ……………………………… 13
　　二、收益率：不是越高越好 ……………………………… 13
　　三、时间：是杠杆，也是限制 …………………………… 15

● 第二章　和本金一起成长 …………………………………… 17
　第一节　破除消费主义迷思 ………………………………… 18
　第二节　投资的成本，不仅仅是本金 ……………………… 21
　　一、时间成本 ……………………………………………… 21
　　二、情绪成本 ……………………………………………… 23
　第三节　给人生加杠杆 ……………………………………… 24
　　一、用好赛道给自己加杠杆 ……………………………… 25

目录

  二、用天赋给自己加杠杆 ·················· 26

  三、提高时间产能，给自己加杠杆 ·················· 27

 第四节 主业不够，副业来凑 ·················· 29

● **第三章 现金管理：随取随用，以备不时之需** ······ **34**

 第一节 活期存款 ·················· 35

 第二节 T+0 理财产品 ·················· 38

 第三节 货币基金 ·················· 40

  一、什么是货币基金 ·················· 43

  二、收益率：为什么货币基金的收益比银行存款高 ······ 44

  三、安全性：收益比活期高近 10 倍，风险是不是

    也比活期大 ·················· 44

  四、流动性：能随取随用，是投资货币基金中

    最重要的事 ·················· 46

  五、费率：购买基金产品的隐形成本 ·················· 51

  六、看懂这几个词，读懂货币基金 ·················· 52

  七、购买货币基金的 3 个小技巧 ·················· 53

 第四节 国债逆回购 ·················· 59

 第五节 券商收益凭证 ·················· 64

● **第四章 稳健理财：笑对市场波动** ·················· **66**

 第一节 银行存款不止活期和定期 ·················· 71

  一、通知存款 ·················· 71

  二、定期存款 ·················· 74

  三、结构性存款 ·················· 77

VII

第二节　银行定期理财 …………………………… 79
第三节　债券及债券基金 …………………………… 81
　一、债券 …………………………………………… 81
　二、债券基金 ……………………………………… 88
　三、债基组合 ……………………………………… 99

● **第五章　用钱生钱：在离股市最近的地方** ………… *102*
第一节　指数基金定投 ……………………………… 105
　一、什么是指数基金 ……………………………… 106
　二、指数基金中的场内和场外 …………………… 107
　三、指数基金中的宽基和窄基 …………………… 112
　四、增强型指数基金 ……………………………… 115
　五、指数基金的优势 ……………………………… 116
　六、定投——指数基金的"绝配" ……………… 118
　七、指数定投的5个步骤 ………………………… 120
第二节　主动型偏股基金 …………………………… 126
　一、有了指数基金定投，投资者还需要主动基金吗 …… 127
　二、如何选出优秀的基金经理 …………………… 130
　三、同一个基金经理管理的不同基金，如何选择 …… 133
　四、选择靠谱的基金公司 ………………………… 134
　五、直接"抄作业" ……………………………… 136
　六、基金的几个指标 ……………………………… 137
　七、主动基金的买入和持有 ……………………… 139

目录

第三节　基金的止损和止盈 …………………………… *141*

　一、亏了怎么办 ……………………………………… *141*

　二、赚了怎么卖 ……………………………………… *145*

第四节　股债动态平衡 ………………………………… *150*

　一、这样做的好处 …………………………………… *151*

　二、如何实操 ………………………………………… *152*

第五节　可转债 ………………………………………… *156*

　一、什么是可转债 …………………………………… *156*

　二、可转债如何做到"下有保底，上不封顶" ……… *157*

　三、3个价格，决定转股是否赚钱 ………………… *159*

　四、玩转可转债 ……………………………………… *160*

　五、可转债的投资方法 ……………………………… *163*

●第六章　投资中的"拦路虎"——非理性行为 …… *168*

第一节　忍不住追涨杀跌时，问自己一个问题 …… *169*

第二节　中彩票的钱和工资有什么区别 …………… *171*

第三节　损失——生命难以承受之重 ……………… *172*

第四节　"金窝银窝，不如自己的狗窝" …………… *173*

第五节　永远把成本留在身后 ……………………… *174*

第六节　当下享乐偏好 ……………………………… *175*

第七节　不要"普却信" …………………………… *176*

第一章

普通人的财务自由之路

近年来,财务自由逐渐成为很多人的奋斗目标。

一提到财务自由,大家总会觉得很遥远。2021年3月31日,胡润研究院联合百富众鑫发布了《2021胡润财富自由门槛》的报告,公布了最新的财务自由标准,见表1-1。

表1-1 胡润研究院公布的财务自由标准

标准	财富自由门槛（万元）	常住房/m²	第二住房/m²	汽车（辆）	家庭税后年收入（万元）
入门级	三线城市：600 二线城市：1200 一线城市：1900	120	/	2	三线城市：20 二线城市：40 一线城市：60
中级	三线城市：1500 二线城市：4100 一线城市：6500	250	200	2	三线城市：50 二线城市：100 一线城市：150

一看就懂的理财课

（续）

标准	财富自由门槛（万元）	常住房/m²	第二住房/m²	汽车（辆）	家庭税后年收入（万元）
高级	三线城市：6900 二线城市：12 000 一线城市：19 000	400	300	4	三线城市：250 二线城市：400 一线城市：650
国际级	35 000	600	400×3 套	4	1000

注：数据来源于胡润研究院。

也就是说，如果你在一线城市，至少要有1900万元现金或等值金融资产、一套120 m²的房子、2辆车，家庭年收入60万元，才能算是财务自由。

这个标准真的科学吗？

首先，在这个标准中，没有明确"1900万元"的理财收益是否会计算在年收入里。

其次，财务自由的通俗定义就是：一个人的资产被动产生的收益就能负担他的日常开支。定义如此，为何还要对年收入做要求呢？财务自由就是为了能够不考虑收入，从事自己真正喜爱的工作，不想工作的时候就可以不工作。

这个定义意味着其实每个人财务自由的标准都可能不一样：

1）如果一个人的消费欲望很低，相应的财务自由的标准也会比别人低。

2）如果一个人的理财水平比别人高，那么产生同样多被动收入所需的资产也会比别人少,财务自由的标准也会比别人低。

同时这个定义也决定了,不管在哪个时代,财务自由的状态都是稀缺的。如果大家都财务自由,不工作,社会还能保持正常运转,那一定是生产力已经发展到几乎不需要人参与工作的地步。

财务自由到底离普通人有多远?这首先取决于你内心深处对财富的态度。

第一节 你真的想成为有钱人吗

很多人都会觉得这个问题是一句废话:会有人不想成为有钱人吗?

很多真实案例和心理学、经济学的研究都告诉我们,还真有。

按道理来说,每个买彩票的人都有一颗想一夜暴富的心,但真正中奖获得巨额奖金后,他们真的能成为有钱人吗?

2013年12月28日,绍兴警方在火车站查身份证的时候抓获了一个涉嫌信用卡诈骗的嫌疑人,该嫌疑人在湖南

一看就懂的理财课

老家恶意透支信用卡几十万元。而当湖南警方配合调查后大家才发现，这个嫌疑人还曾经是当地的名人——他2008年在绍兴打工时，用女友随口报出的几个号码中了1000万元彩票大奖。中奖后，他立刻把月薪1000元的工作辞了，带着税后的800万元衣锦还乡。

而他被捕的时候，身上只有80元。从800万元到80元，还不算负债的19万元，他到底经历了什么？

他回到家的第一件事是离婚——是的，他在湖南老家有妻子，同时在绍兴还有一个女友，因为对妻子不满意，给了妻子100万元办理了离婚手续。然后他又买房、买车，花了将近100万元。因为花钱太高调，引来了各种"朋友"，这些"朋友"带他赌博、投资，剩下的600多万元很快在2012年8月就挥霍光了。他的车卖了，"朋友"也没了。为了维持大手大脚的生活，他抵押了房子，申请了几张信用卡，透支了几十万元，被银行催账还不起后，干脆把信用卡都扔了，躲了起来。

直到他回到当年发财的"福地"绍兴，被警方抓获。

美国国家金融教育基金会也有数据表明，中了彩票或获得一大笔意外之财的人，约有70%会在几年内破产。和我国的彩票得主可以匿名领奖不同，美国很多州是必须公开领奖的，中奖者很难保持低调生活，甚至有人因为公开领奖招来祸端。而即使在可以匿名领奖的州，普通人突然

第一章　普通人的财务自由之路

拥有巨款也面临很多风险。如果不及时雇用专业人士帮忙打理各种事务,普通人很容易在冲动消费和不合理的投资中让资产迅速缩水。

甚至有研究表明,彩票获奖者会提高他们邻居的破产概率(2.4%),因为获奖者提升生活品质的消费行为(如换更好的房子)会引起邻居的效仿,即使他们并没有中彩票。

之所以导致这些结果,一方面是因为这些人缺乏管理巨额财富的能力,另一方面是他们在内心深处并不相信这笔钱是自己应得的,自然也留不住财富。

所谓"野草难肥胎瘦马,横财不富命穷人",只不过这个"命穷人",并不是玄之又玄的"命理"无法改变,而是由你的潜意识决定的。

《小狗钱钱》的作者博多·舍费尔在他的著作《财务自由之路》中说过,他在年轻时也曾有过明明渴望变得富有、实际也日进斗金,却还负债累累、总是无法积累财富的日子。

而他认真审视了自己的内心后发现,最根本的原因在于自己在潜意识层面的价值观认为金钱不是善物,他总是在亲手摧毁自己取得的成就。因为他的母亲坚定地认为"富人进天堂比骆驼穿过针孔还难",这种"贫穷是福"的想法也深深影响了他。

一看就懂的理财课

我国的心理学家武志红也曾经写过一个让他反省自己金钱观的例子：他去一个朋友的机构讲课，一直觉得讲课费有点低，但又不好意思开口提，直到有一天他了解到另一个讲师的报酬远高于他，才觉得自己没有被尊重，并向朋友表达了这种感受。他的朋友立刻给他提高了报酬，并解释说，他平时总是散发着一种"视金钱如粪土"的态度，不知道如何开口和他谈钱，总觉得一谈钱就会冒犯他。

事实上，这种在内心深处把财富污名化的价值观并不少见，比如：

- 有钱人的生活都很乱。
- 有钱人也有很多烦恼。
- 这个博主竟然开始接广告赚钱了，失去了初心。
- 我的父母那么辛苦都没什么钱，我也不可能成为有钱人。
- 沾上了钱，艺术也不高雅了。
- 有钱没什么了不起的。
- 我虽然比他穷，但是我比他高尚。……

不管是东方文化中的"铜臭味"之类的词语，还是西方传说中"看守财宝的恶龙"，都在人们的集体潜意识里给财富笼罩了一层负面的阴影。而只有目标符合自己内心深处的价值观时，人的行为才不会在潜意识影响下把变富

第一章 普通人的财务自由之路

的机会搞砸,让自己和财务自由渐行渐远。

要改变潜意识里的这些思维,第一步是要挖掘自己的内心,认识到自己的认知误区;第二步是要反复告诉自己,自己值得拥有更多的财富,财富既不肮脏也不罪恶。

追求财务自由和对财富贪婪并不一样,**财务自由的目的不是物欲,而是安全感、自由感和自信感。**

安全感和自由感来自财务自由的结果:安全感让人不再因为金钱而焦虑,自由感让人可以做自己真正想从事的工作、自己左右自己的工作节奏。

而自信感来自财务自由的过程,它会让你相信遇事可以依靠自己,同时也会从根本上给自己安全感。

财务自由的确不能和幸福画等号,但是它提供了让人过上自己想要的生活的可能性,让人更接近幸福。

第二节　财务自由到底需要多少钱

就像前文所说,财务自由没有一个统一的标准,每个人的消费习惯不一样、理财水平不一样,需要的资产自然也不一样。

有两个标准分别对应两个公式,可以大致估算出不同人群的财务自由门槛。

一看就懂的理财课

标准 1 绝对生活质量不会下降。一个人的可投资资产产生的收益需要能在跑赢通胀的基础上足够负担你的日常开销，计算公式如下

可投资资产>每年的开销÷(投资年化收益率-CPI)

CPI 就是消费者物价指数（Consumer Price Index），又名居民消费价格指数，是一个反映居民家庭所购买的消费品和服务项目价格水平变动情况的宏观经济指标，由国家统计局发布。我国在统计 CPI 时不包括房价（因为买房算投资而不是消费），因此这个公式中的可投资资产不包括自住房产的资产金额。

标准 2 相对财富水平不会下降。也就是不工作还能与时俱进地保持"普通人"或"中产"或"富人"的生活方式，计算公式如下

可投资资产>每年的开销÷(投资年化收益率-CPI-人均 GDP 增速)

增加了人均 GDP 增速的变化，也就保证了大家的生活水平上升的时候，你也能跟着一起上升。

举个例子，一个人有房住的人，投资的历史年化收益能做到 15%，一年的花销是 10 万元，CPI 是 3%，人均 GDP 增速 6%。

这个人能够在不工作的情况下维持生活水准需要的可投资资产为

10 万元÷(15%-3%)≈83 万元

这个人能够在不工作的情况下维持当前有钱程度需要的可投资资产为

10 万元÷(15%-3%-6%)≈167 万元

这些以目前数据得出的估算结果虽然只是底线，但也可以感受到，财务自由需要的钱可能并没有我们想象中的那么多。当然，前提是你已经有房，且消费不算高。如果你有更高的生活品质要求，或者有房但还在还贷款、要为子女教育攒钱等情况，分子端肯定会更多；同样，分母端也会因为理财水平的提高、宏观经济的变化而发生变化。在全球大放水的环境下，目前每年的实际的通胀率可能远超 3%。

另外，生活中还可能有医疗等意外开销，这些部分则可以交给保险，也需要单独计算支出。

所以，财务自由是要在合理的资产配置基础上才能够实现的。

第三节 "4 个口袋"下的合理资产配置

在个人和家庭的资产配置里，肯定是有的钱需要用于

一看就懂的理财课

保证良好的流动性，有的钱需要用于追求高的收益，有的钱需要用于应对风险。通过合理的配置，我们就可能做到整体资产状况的均衡，进可攻，退可守。

整体来看，可以将家庭资产分别放在要花的钱、保命的钱、生钱的钱以及保本升值的钱"4个口袋"（图1-1）。在具体实践中，需要根据每个人、每个家庭的实际情况进行灵活调整。

图1-1 标准普尔家庭资产配置图

第一个口袋：要花的钱。所谓要花的钱，就是我们要留出3~6个月的生活费，保证流动性，具体数额根据每个人的实际情况来确定。这些预留的生活费可以买各种"宝宝类"的理财产品，既能满足我们的流动性需求，也能获取年均1%~3%的收益。

第一章　普通人的财务自由之路

第二个口袋：保命的钱。这部分主要是配置保险类的产品。它们就像足球场上的守门员，帮我们把守大门，防止因为生活中的意外而影响生活质量。这也是需要根据个人的情况而定，如单身与否、身体健康情况、有无孩子、有无老人、经济状况、风险偏好等，针对不同的情况匹配不同的保险产品。

第三个口袋：生钱的钱。它们就像足球场上的前锋，要帮我们取得超额收益。如果配置好了前两种资产，接下来投资者才需要考虑这类资产。

如果你的风险偏好比较高，建议参考80法则，用80减去你的年龄，就是建议的投资比例。比如，你今年30岁，就可以用可投资金额中的50%来投资股票、基金等波动性较大的金融资产。

第四个口袋：保本升值的钱。除去上面3类，剩下的钱就可以拿来买一些固定收益类的银行理财、债券基金等。它们就像足球场上的后卫，主要起防御作用。这类产品的风险整体较低，回撤率较小，用于保障整体的稳定性。

用好以上这"4个口袋"，把自己当成一个有经验的足球教练，把资产进行合理的组织、分配，有的钱负责当"前锋"，有的钱负责当"后卫"，有的钱负责当"守门员"，才能在人生的赛场上立于不败之地。

第四节　复利是奇迹，也是"毒鸡汤"

如何增加要花的钱、保命的钱、生钱的钱以及保本升值的钱这"4个口袋"里的钱，向财务自由迈进？

很多人都会讲"复利"，以下这组公式广为流传

每天毫无长进：1.00

每天进步一点点：$1.01^{365} = 37.78$

每天退步一点点：$0.99^{365} = 0.025$

三天打鱼两天晒网：$(1.01^3 \times 0.99^2)^{73} = 2.04$

但这不是真实的复利，更多是对复利简单粗暴的曲解。首先，一年365天，常人很难做到一天不落地进步；其次，就算人不休息，股市也有休市，何谈收益每天都增长？

这种纸上谈兵的复利是无法让我们真正有效地积累财富的，要更好地利用复利的力量，需要深入剖析复利的本质——**复利三要素**。

复利的原理，比起"鸡汤"，更多的是一种人生算法的模型：

第一章　普通人的财务自由之路

$$复利 = 本金 \times (1+收益率)^{时间}$$

本质上只有**本金**、**收益率**、**时间**这三个要素。

一、本金：第一件重要的事

你可能听过关于复利的神奇故事：按照10%的复利，7年本金就能翻倍了，如下

$$(1+10\%)^7 \approx 2$$

那么如果不用复利的逻辑呢？用单利去算，7年每年10%，那也有70%了。所以，不要把成果都过度归功于复利，以7年为期，大部分的收益还是来自本金的基本利息，而不是复利。足够多的本金，真的很重要。

很多人往往会忘记本金的重要性，其实它的多少才决定着未来资产的高度。只有拥有足够多的本金，才能让人财务自由。但问题是，本金的增加并不是理财能带来的，而是要不断努力去从外部获取。

因此，本书告诉你的第一件重要的事就是：不要让理财占用太多的时间，而是通过自己事业的成长、赚钱本领的成长获得更多本金，然后通过理财为本金保值增值。

二、收益率：不是越高越好

不同的投资品种，其收益率是不同的。

一看就懂的理财课

沃顿商学院的西格尔教授在其所著的《股市长线法宝》中，对美国的各类投资产品做了长时间、多层次的数据分析。该书根据美国 200 年的历史总结了几个常见投资品种的年化收益率，如下

股票：8%

长债：5%

短债：2%

黄金：2%

但是请注意，收益高的，相应的风险也高，这个世界是公平的。

理财的根本就是在匹配**安全性**、**收益性**和**流动性**这 3 个核心要素，但这 3 个要素并不能同时获得，这就是所谓的**"理财不可能三角"**，如图 1-2 所示。

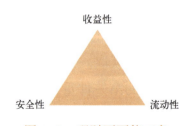

图 1-2 理财不可能三角

深入理解这 3 个核心要素之间"相爱相杀"的关系，就能从本质上帮助我们理解投资理财。

举例来说，把钱投入货币基金，只能获得不到 3% 的年化收益，但有了很好的流动性；如果投资股票，可以获

第一章 普通人的财务自由之路

得高流动性和高收益,但同样要承担高风险。

任何投资,都是在这3个核心要素之间进行取舍。因此,在投资理财中,没有一种最优方法适合所有人,每个人的风险承受能力不一样,适合每个人的投资方法也就不一样。

同样是用100万元投资比特币,资产上亿的人来做叫资产配置"生钱的钱",是用相对小的资金量博大收益;而如果是普通人用卖了房子换来的钱,就是非常不合理的。对于普通人来说,风险永远是第一位的。

本书的目的,就是带大家在低风险的投资领域里,尽可能多地获得收益。

三、时间:是杠杆,也是限制

在复利中,时间起关键作用,因为它在指数的位置。它包含两层含义:

第一层含义比较好理解,时间越长,复利效应越明显,所以理财要趁早。很多年轻人说自己没有资本,但其实时间就是他们最大的资本。

巴菲特的财富,大部分都是在他50岁以后积累的(图1-3)。而他的第一只股票,是在他11岁时就买入了。另外,在资产不多的时候积累经验,试错成本比较低。

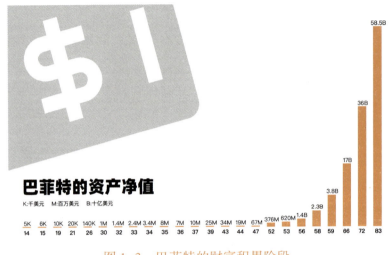

图 1-3　巴菲特的财富积累阶段

第二层是建立在本金之上的概念,也就是这些本金能投资多久,不同用途的钱具有不同的时间特性。

如果把短期内要结婚、买房的钱拿去买股票基金,再好的基金也可能有短期波动,而持有时间太短就会把短期波动变成实际亏损。

比如,日常开支的钱、年底旅游的钱、留给未来的钱等,都有适合自己时间特性的投资标的。理财时,需要首先按照资金的时间使用长度区分不同的资金,然后进行合理的资产配置。

第二章

和本金一起成长

在前面提到的**本金、收益率、时间**复利三要素中，对于时间，除了尽早开始理财，我们左右不了其他，只能着重从本金和收益率上下功夫。本书从第三章开始介绍多种适合普通人的投资方法，帮助读者提高收益率，而本章则将聚焦本金。

本金到底有多重要？这里讲一个真实的故事。

有一个人外号叫"精神小伙"，是一个"理财大神"，擅长各种操作，经常日入 10 万元、年化收益翻倍。还有一个人叫小 W，最近刚入门理财，学习热情高涨。

有一天，这两个人聊天，小 W 问"精神小伙"："你能每个月带我赚 1000 元吗？这个要求不高吧！"

"精神小伙"："这个有点难。"

小 W："你昨天一天就赚了六七万元，每个月 1000 元很难吗？"

奥数保送、对数字及其严谨的"精神小伙"："这得看本金啊！万一你只有 1000 元本金，叫我一个月带你翻倍，也太难了！"

由此可见，投资技巧远超常人的"理财大神"，没有本金的加持，也很难取得可观的收益。正所谓"巧妇难为无米之炊"，本金是理财之源，有了足够多的本金，才有实现财务自由的可能。

第一节　破除消费主义迷思

很多人理财意识的觉醒，都是从储蓄开始的。

特别是新冠肺炎疫情暴发之后，很多没有储蓄习惯的人也开始从银行卡的数字中获取安全感，甚至发现存钱比花钱还让人上瘾。

为什么疫情会带来这么大的改变？一方面，疫情影响了很多人的收入，让人不得不开始"节流"；另一方面，隔离期间，少了社交，也就少了别人的目光，很多人能更清晰地知晓什么东西是自己真正需要的、想要的，什么东

第二章 和本金一起成长

西又是买来炫耀的。

日本作家三浦展在《第四消费时代》中分 4 个阶段分析了日本的消费趋势：

1）第二次世界大战前，大家向往西洋消费，但只有精英阶层能享受，这是第一消费时代。

2）第二次世界大战后，日本经济迅速恢复，并进入高速增长期，在 20 世纪七八十年代成为世界第二大经济强国，所有人都在疯狂消费。在闻名世界的古着店，现在还能看到很多那个时代精美的二手物品，这是第二消费时代。

3）在第二消费时代成长的那代人，是天生的消费者，当他们长大了，成为消费主力，又将日本推向了第三消费时代——更加个性化、体验化、高端化的消费习惯。

4）20 世纪 90 年代的经济衰退、2008 年的全球经济危机，让日本人的消费不得不降级；1995 年和 2011 年的大地震，又让日本人深刻认识到了物质的脆弱，开始追求理性消费，追求内心的满足感，转向了第四消费时代。

我国现在明显处于第三消费时代，但突如其来的疫情，可能已经让一部分人率先进入第四消费时代，摆脱了消费主义的禁锢。

什么是消费主义？很多人会想到买包和其他奢侈品等，其实不尽然。比如，同样价格的一只包，同样收入的

一看就懂的理财课

两个人，一个人做的是和人打交道的工作，一个人做的是在家码字的工作。这只包对于前者来说，可能有提高形象、促进工作的作用，而且一周至少背一次，利用率较高，那很难说这是消费主义；对于后者来说，这只包并不能提高他的收入，利用率也很低，购买动机可能只是"对自己好一点"，这就更接近消费主义的实际概念。

人生目标和获取商品相关联，把消费行为本身当作一件有意义的事，通过更多的消费来证明"我是谁"，花钱的快感来自消费行为这个过程，而不是使用物品的过程。这就是消费主义。

消费主义先通过各种传媒赋予物品意义，再营造稀缺的感觉，最后通过各种营销定义你的"身份"，制造你有需求的假象，最终让你在"自发"的消费中将营销中的"自我认知"内化。比如：

- 联名限量版，我必须要拥有。
- 钻石恒久远，有了钻石我们的爱情才会长长久久。
- 有这款香水才是真正的女人。
- 不穿这个品牌的鞋，走在学校里都抬不起头。

但正如《第四消费时代》一书中所展现的日本人的消费现状一样，不是从本身需求发展而来的消费，终究会随着社会的发展而消亡：当生产力高到"富有"已经是常态，不再是身份的象征，或者遇到人为或自然的灾难，人们意识到自己无法负担不必要的消费，消费主义必然会退潮。

如今，很多人已经从中清醒，你呢？

第二节　投资的成本，不仅仅是本金

节流，可以理解成控制生活成本，就像上文所说，只为自己真实的需求买单。

但还有两样经常被忽视的成本：**时间成本，情绪成本**。

一、时间成本

假设小A、小B都不爱做饭。

小A为了省钱自己做饭，可能连买菜、做饭带收拾，最终只需要5元，比外食节约了20元，但花了1小时时间；小B外食花费25元，用节约的1小时完成了一个短视频的剪辑，收入200元——你选哪个？

再假设小A还是自己做饭省钱，而小B没有什么副业技能用来变现，只是多睡了 1 小时，第二天上班时精神比小 A 好很多，效率更高，创意也更多，也有了很大的升职加薪空间——你又选哪个？

相信你的心里已经有了答案。

节流如此，开源也是这个逻辑。

在投资中，如果 C 投资方法有 50% 的概率让你的年化收益提高 30%，但是每天要占用你 4 个小时（交易时间）；D 投资方法有 80% 的概率让你的年化收益提高 5%，只需要每个月占用你 2 个小时，让你更加集中精力于创造更多本金的工作——你选哪个？

不管选哪个，如果没有围绕个人成长目标或收益目标制订相应的方案、没有一步一步实现目标的计划，结果都将是浑浑噩噩地度日。

反之，多反思、多尝试，明确自己想要什么、不想要什么，热爱下厨的人把时间花在厨房的烟火气里，对饮食要求不高的人把时间花在磨炼赚钱技能上，收拾屋子会获得成就感和内心平静的人每周花时间大扫除，觉得打扫卫生是一种折磨的人花钱雇小时工而自己好好运动和休息……每个人都有适合自己的生活方式。

每个人也有适合自己的投资方式，切忌舍本逐末。

明确内心的真实诉求，才会让你离自己想要的生活越来越近。

二、情绪成本

比时间成本更容易被忽视的是情绪成本。不管多理智的人,行为都很难完全和情绪脱离关系。

当人在从事一份能够体现自我价值的工作时,投入程度会更高,调动的潜能也会更多。

在投资中也是一样。如果由于追求收益率,而选择了和自己风险偏好不一致的投资方式,那等待你的肯定是情绪上的折磨。而要对抗这些情绪波动,就需要更强的信仰和意志力,投资行为很容易产生偏差,最终导致资金上的亏损。又心累,又赚不到钱。

要降低情绪成本,可以三管齐下:

1)提高认知,我们都只能赚到自己认知范围内的钱。充分学习后,投资中的自我怀疑更少,情绪波动也会更小。

2)科学地管理情绪,不是一味地发泄(如追涨杀跌),也不是一味地压抑,而是认识情绪、做情绪的朋友。

3)选择适合自己的投资方式。就像健身的时候要找一种自己喜爱的运动才更容易坚持一样,找一种在自己舒适区的投资方式,也更容易长期坚持,获得收益。

第三节　给人生加杠杆

随着改革开放的逐步深化和经济的快速发展,各个年代里,总有一部分人能迅速实现个人和家庭的财富积累,实现财产规模的跃升:20世纪八九十年代,有人是通过下海经商,有人是通过去经济开发区工作,迅速致富;后来,有人是通过买房、炒股,一夜暴富;再后来,有人通过加入快速成长的初创企业拿到期权,随着公司上市实现财务自由;现在,有人通过写公众号、拍短视频,月入百万甚至千万元。

总结下来,实现财产规模跃升的核心要义就是给自己的能力和资源加杠杆。

杠杆在普通人的经济生活中是指将借到的货币追加到用于投资的现有资金上,如加杠杆融资炒股,往往意味着收益加倍、风险也加倍,容易爆仓。

在投资中,唯一建议普通人加杠杆的情况是贷款买首套房,因为那可能是普通人一辈子能用相当低的利率贷到的最大一笔钱,也是对抗通胀的利器。

而给自己的能力和资源加杠杆,其实每个人或多或少都能做到,至于具体途径是通过创业、加入初创公司,还是通过开展副业,可以结合自己的情况来选择。

一、用好赛道给自己加杠杆

挑选一个好赛道,选择一个好行业,是投资中很重要的事。普通人择业也是一样。

不管是房地产大潮前期果断买房"上车",还是在互联网浪潮中进入互联网"大厂"拿期权,其实都是顺应了时代。所谓"形势比人强",从收入上来说,在一个不赚钱的行业里当第 1 名,可能还不如在一个赚钱的行业里当第 100 名。

那么如何选择"好赛道",也就是赚钱的行业呢?如果你问一个一级市场的投资人这个问题,他会告诉你:要看行业景气度、行业天花板、行业的竞争格局。普通人创业或是从业时选择行业也是一样的。

所谓景气度,即这个行业是在上升阶段还是下行阶段?景气度最好的行业,往往就是那些随着我国经济发展以及经济结构变迁而衍生出来的具有远大前景的、处于爆发性增长阶段的行业。及时加入其中,就可以享受整个行业发展的红利。而行业天花板,是指这个行业要有足够大的市场规模和发展空间。竞争格局,在个人层面是指自己的能力圈,寻找自己能在这个行业里发光发热的岗位。比如,2001年我国加入世贸组织后的外贸行业、1998—2007年的房地产黄金十年、2010年开始的移动互联网黄金创业时代等。每个年代的经济发展都有自己的主旋律,加入它,你的能力和努力带来的回报都会得到指数级的放大。

二、用天赋给自己加杠杆

客观地审视自己,不要拘泥于世俗的眼光,分析自己真正擅长的事。

一个人擅长一件事,不只是才能上的适配,还是性格上的适配。让一个内向的人去做公关工作,可能他自己很痛苦,也很难做得比别人好;而让一个外向的人每天去看资料、写深度报告,也可能会是同样的结果。每个人都有自己的天赋,客观地认识自己,才能充分运用天赋给自己加杠杆。

一个足够大的行业,一定有适合个人发挥天赋、施展才能的岗位。在做职业规划时,要么"人无我有",要么"人有我优",扬长避短,通过刻意练习提升长板优势,才能在工作中事半功倍,也更容易获得成就感、减少挫败感,从而保持热情、良性循环。

三、提高时间产能，给自己加杠杆

时间是世界上最公平的东西，每个人一天都只有24小时。

其中一些人把自己在工作中的沉淀写成文字、录成音频或拍成视频，放到平台上，一次时间的付出，就会有多次的收入。"内容变现"其实就是用网络给自己的才华和时间加杠杆。

薛兆丰火爆全网的经济学课，其实已经在北大课堂讲过很多次，但没有平台和网络的"杠杆"，就只能单利产出。

而把自己擅长的事变现，要求也不是都像薛兆丰那么高。如果擅长本职工作，它又能有足够的发展空间和物质回报，那么精进主业当然是第一选择。如果本职工作成长空间有限，也就是俗话说的"拿死工资"，就可以开展副业，做自己擅长的事。

可能很多人会说：我擅长的事太多人都会做，没有价值。

真的是这样吗？

例如，小红书上的穿搭博主很多，爱买会买身材又好的更多。普通人如何脱颖而出？

一看就懂的理财课

女孩小 A 身高 165 cm，有点胖，很普通吧？她买衣服的核心诉求是"显瘦"，她的定位是"165 微胖女孩显瘦穿搭"。

女孩小 B 身材标准，但购物预算有限，也很普通吧？她的定位是"拼多多衣服测评"。

以上两个都是真实案例，小 A 和小 B 每月的广告收入都不少。

2021 年春节，微信发起了红包封面制作的活动，只要开通视频号发布一个作品集赞，就可以制作自己的红包封面，并上线了剪辑工具和小商店。这个举措再次传达了微信创始人张小龙的愿景：再小的个体，也有自己的品牌。

内容本身具有可复制性，自己花一份时间创作的内容可以在多平台发布，获取 N 份收益。内容创业的门槛并非遥不可及，普通人努努力也是可以实现的。互联网拥有强大的包容性，不管你是擅长摄影还是擅长写作，都可以在互联网找到属于自己的舞台，前提是要长期坚持。

从公众号到抖音、快手，再到视频号，互联网的风口一个接一个，涌现出来的"大 V"一批又一批。他们有一个共性：凡是踩准风口的人必然经历了漫长的蛰伏，不鸣则已，一鸣惊人。

不只是内容创作，很多行业都是一样的道理，只要够勤奋，心勤、脑勤、手勤，甚至用不到拼天赋，就可以做到行业的前 20% 甚至前 10%。

找到闪光点，做出差异化，多尝试，寻找人生成长的第二曲线，才能加快积累本金的速度。

第四节 主业不够，副业来凑

2020 年 4 月，度小满金融联合南京大学共同发布了《2020 年两栖青年金融需求调查报告》。该报告中，超过 50% 的受访者都表示正准备或期望开展副业。

"两栖青年"是指兼顾本职工作，同时还有兼职或者创业的青年群体。

疫情以来，更多行业把服务搬到了互联网上，本来就快速发展的"线上经济"短期需求激增。这些行业的从业人员本来就具备比较强的副业意识和专业能力，开展副业可以说是手到擒来。

同时，一些线下传统行业受疫情冲击较大，旅游业、餐饮业等服务行业的服务人员纷纷希望利用空闲时间开辟第二职业。

可能有人觉得本职工作已经很累了，做副业牺牲了休闲时间，还赚不了几个钱。其实，很多人的副业收入早已

一看就懂的理财课

超过了本职工作的薪资。

2020年七夕，有一只"青蛙"红遍整个微信圈。七夕那天，很多人都收到了一只"青蛙"添加微信好友的请求。"青蛙"一上来就让你知道："是你损友花钱叫我来的！"然后开始发送无数遍的"孤寡孤寡孤寡孤寡"。"青蛙"只"叫"几分钟，留下一个意犹未尽的你，你也会觉得很有意思，于是也去搜索这种服务，送给你的朋友，这个"魔性"的活动一下子就传开了。某位明星也在七夕那天晒出了和"孤寡青蛙"的对话截图，如图2-1所示。

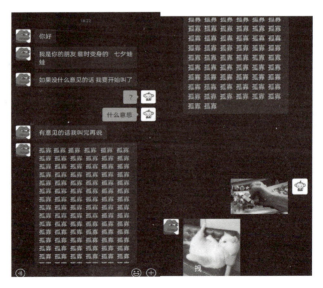

图2-1　某明星晒出的和"孤寡青蛙"的对话截图

这项服务赚了多少钱呢？

第二章　和本金一起成长

当天在淘宝上，排名最高的一家店定价100元，付款人数达到1100多人——日入10万元的副业，你还觉得少吗？

后来很多人反应过来也加入青蛙的行列，定价虽有所下降，但依然没少挣。

你可能觉得这种好事儿一年也就一次，而且对创意要求极高，可遇不可求。但首创不容易，模仿还不简单？每个平台都有自己的用户，淘宝的"青蛙"够多了，还可以去闲鱼、去微店、去抖音、去微博。

实在没赶上，同样在这一天，有人又推出了"七夕布谷鸟"的服务。"青蛙"提供嘲笑"孤寡"的服务，"布谷鸟"就提供祝福"不孤"的服务，换汤不换药。

再后来，2021年牛年春节，叫着"牛哇牛哇"的"牛蛙"也出现了，价格越来越低，但春节期间依然有4位数的收入。某淘宝卖家"牛蛙牛哇"定制服务截图如图2-2所示。

这又启发了一拨人——"基金牛蛙"也乘着基金热的东风诞生了：

"牛哇牛哇牛哇牛哇牛哇！"

"你朋友让我多叫几声，也许你的基金就不绿了。"

一只"青蛙"，反复出现，依然有市场。

再说一种已经风行很久的生意：老照片修复。相信很

一看就懂的理财课

多人刷抖音都刷到过这类视频,其实微博上早就有人分享了免费的 AI 修复老照片的网址,但在抖音上一搜还是有很多,并且是收费的,如图 2-3 所示。

图 2-2　某淘宝卖家"牛蛙牛哇"定制服务截图

这里面有的是给不会 PS、不上微博的中老年人直接提供修复老照片的付费服务的,有的是给你发付费教程的。前者,想要修复的老照片往往都有重要的意义,多花点钱也没什么;后者,赚的是信息差。

总之,全民进入移动互联网时代后,赚钱方式真的很多,独树一帜的创意可以赚钱,模仿他人可以赚钱,利用信息差也可以赚钱,而培养一个可以变现的技能更可以赚钱。大多数人不是没有赚钱的技能和机会,只是缺乏想象力和行动力。

第二章　和本金一起成长

图 2-3　抖音搜索截图

和消费及投资一样，记得在主业和副业之间衡量一下投入产出比，如果主业收入有足够的成长空间，也是你真心热爱的事业，那么把精力投入主业当中可能收获更多。

第三章

现金管理：随取随用，以备不时之需

我有一个朋友，某天晚上他突然来找我借钱，不多，就5000元。我感到很奇怪，因为按照他的收入和资产状况，缺这5000元是不可能的。

后来一问才知道，他家的猫突然生病住院，手术费要8000元。而他自己作为一个大龄单身宅男，平时生活很规律，用钱也很有规划：消费大多用信用卡，每个月留3000多元放在活期存款里应付人情往来之类的意外花销，其他钱都会买成定期理财和基金。定期理财不到期取不出来，基金当天晚上赎回要第三天才能到账。而那家宠物医院不能刷信用卡，他立马抓瞎了。

我在感叹宠物医院收费之高的同时，也震惊于他的资金利用率之高，居然已经影响他的日常生活了。

我问他为什么不多准备一些流动资金。按照前文说的

第三章　现金管理：随取随用，以备不时之需

"4个口袋"，一般都要保持有3~6个月生活费的钱能够随时取用，以备不时之需。

他说：收益太低了。

我问他：那你买的定期理财年化收益多少？

他回答：4.35%。

我反问：那货币基金年化收益也有2.5%左右，很多平台也能提供实时到账服务。你看不上这相差的2%，又为什么把钱放活期存款呢？

以上对话中提到的活期存款、货币基金等，都是常见的现金管理工具。

现金管理类产品通常是指能够提供现金管理服务的理财产品，主要投资于货币市场、债券市场、银行票据以及政策允许的其他金融工具等标的，具有风险低、收益稳、流动性好的特点。

本章将按流动性递减的顺序，从本金的安全性、流动性、收益性这个"理财不可能三角"介绍各种现金管理方式的优缺点，为投资者提供一些参考。

第一节　活期存款

安全性：★★★★★

一看就懂的理财课

流动性：★★★★★
收益率：☆

相信大多数人都知道，钱放在银行存款是最安全的。

2020年，存款保险标识启用。不管是大型国有银行，还是各种地方性的小银行，每个网点门口都有一个标识，如图3-1所示。

图3-1　存款保险标识

为什么要有这个标识？对普通人来说，大银行的名字如雷贯耳，心里肯定是放心的。但一些刚刚改制的农村信用社和被大银行收购的不知名村镇银行，从网点看还不如一些小贷公司气派，老百姓有时候还真分不清哪些是"正规军"。

但是存款保险标识上线以后，所有人就一目了然了。《存款保险条例》最主要的一条就是规定了银行存款在50

第三章 现金管理：随取随用，以备不时之需

万元以内的本息要全额偿付，而且超出的部分也会依法从投保金融机构清算财产中受偿。也就是说，即使银行倒闭了，你的存款也能拿回来。

包括银行存款在内，银行的产品有很多种类，见表3-1。

表3-1 银行可投资产品类型

大类	细类	收益率（利率）	风险	流动性
活期	普通活期	0.30%	R1	好
通知存款（7天）		1.10%	R1	一般
定期	整存整取	1.75%	R1	差
	零存整取	1.35%	R1	差
	存本取息	1.35%	R1	差
	大额存单	2.10%	R1	差
结构性存款	固定收益型	1.5%～3%	R1	差
	浮动收益型	1.5%～4.2%	R1	差
银行理财	固定收益型	1.5%～3%	R2～R3	中等
	浮动收益型	1.5%～3.2%	R2～R3	中等

注：资料来源于招商银行官方网站，利率水平标准截至2021年6月。

现金管理只能考虑普通活期存款，利率少到可以忽略不计。

大部分全国性银行的活期存款利率，都是在央行的基准利率的基础上略微打折。例如，2020年央行的基础利率是0.35%，而全国大部分银行的活期存款利率都是0.3%。

有一些规模相对较小的地方性银行为了吸引储蓄，提

供的活期存款利率会略有提高。例如，2020 年，厦门银行的活期存款利率是 0.385%，高于大部分银行 28%；上海农商银行和泉州银行的活期存款利率是 0.35%，高于大部分银行 16.7%。但和其他理财方式比起来，这点利息都是小巫见大巫，现在市场上完全可以找到保持和活期存款流动性、安全性相当，收益却高很多的产品。

第二节　T+0 理财产品

安全性：★★★★
流动性：★★★★★
收益率：★

随着金融市场竞争越来越激烈，越来越多便民的金融产品出现。一些商业银行和正规金融机构自行设计并发行的各种短期理财产品甚至能做到比余额宝还好用。

短期理财产品基本可以做到保本或类似保本，同时收益率却大幅高于活期存款，甚至超过货币基金，其中一些还可以做到赎回资金实时到账，又被称为"T+0 短期理财产品"。

第三章　现金管理：随取随用，以备不时之需

下面列举一些市场上支持快速赎回的银行 T+0 短期理财产品，见表 3-2。

表 3-2　支持快速赎回的银行 T+0 短期理财产品

平台	产品名称	单次转入金额	申购何时开始计算收益	赎回何时到银行卡
招商银行	朝朝宝	1 分-总额 5 万元	T+1	快速赎回每日 5 万元额度，支持第三方直接扣款
	朝朝盈 2 号	1 分起	T+1	快速赎回每日 10 万元额度
	朝多金	1 万元起	工作日 16:30 前申购，当日即享收益；赎回当天不享收益	工作日 16:30 前赎回本金实时到账，其余时间快速赎回上限 5 万元
民生银行	天天增利灵动款	1 万元起	T+0	交易时间赎回实时到账，非交易时间实时到账上限 10 万元
平安银行	天天成长 C	1 万元起	T+0	交易时间实时赎回不限额，非交易时间每日限额 30 万元，支持第三方直接扣款
	天天成长 2 号	1 分起	T+1	实时赎回上限 5 万元，支持第三方直接扣款

注：表中所列产品不代表推荐，很多地方性银行都有更多、更好的选择。

除了 7×24 小时快速到账功能外，很多产品都有自己特定的功能。例如，招商银行的朝朝宝，无须手动赎回，即可支持各种支付场景。5 万元以内的日常消费，使用起

来和活期存款别无二致。

不过，它是由 5 只货币基金（将在下一节介绍）构成的组合，每只货币基金的单人转入金额上限 1 万元，也就是说，它适合 5 万元以下的流动资金管理。

这种规定是为了控制基金规模，如果基金规模太大，资金利用率就没有那么高，收益率也很难做高，如余额宝。再加上在 5 只基金中的智能化配置，它的 7 日年化收益率经常高于市场其他货币基金，达到 3% 以上。

类似支持各种第三方扣款的产品，几乎可以完全代替余额宝、微信零钱通、活期存款，额度上限高，没有提现手续费。

除了银行，一些券商推出的保证金账户 T+0 理财，收盘后会把账户余额自动转入产品中赚取收益，第二天如果需要买入股票，可以直接支取。

金融机构的这些创新产品，让我们的资金利用率越来越高、生活也越来越方便，大家可以打开手机中的这类 App，自己探索一下，或者咨询客户经理，说不定还有惊喜。

第三节　货币基金

安全性：★★★★

第三章　现金管理：随取随用，以备不时之需

流动性：★★★★
收益率：★

大家接触货币基金，可能都是从余额宝开始的。但其实除了余额宝，货币基金也有很多选择，各有优缺点。

Tips 基金的分类

什么是基金？我们平时说的基金，一般都是证券投资基金。而证券按其性质不同，可以分为有价证券和无价证券（凭证证券）两大类。

有价证券是指可以给持有人带来一定收益的证券，又分为3类：资本证券（如股票、债券等）、货币证券（如银行票据、银行券等）、财物证券（如提单、货运单等）。无价证券是指不能给使用者带来收入的证券，包括活期存款单、借据、收据等。

基金，就是由基金公司发行产品，募集资金，代替投资者去交易证券，本质上是一种委托关系。

大多数人接触基金，都是从货币基金开始的。而因为高额收益而火爆的基金，又大多是股票基金，或偏股型混合基金。后面还会介绍主动基金和被动基金的区别、场内基金和场外基金的区别。乍一看有些乱，其实这几种分类都是从不同维度进行的基金分类，见表3-3。

一看就懂的理财课

表 3-3　基金的分类

分类维度	基金类型			
①投资对象	股票型基金	债券型基金	货币型基金	混合型基金
②投资理念	主动型基金		被动型基金	
③交易方式	场内基金		场外基金	
④运作方式	封闭式基金		开放式基金	
⑤募集方式	公募基金		私募基金	

上表中是5种常见的基金分类方法。本书将主要按【①投资对象】的划分来介绍股票型、债券型、货币型、混合型基金的投资方法，后文也会有【②投资理念】分类方式和【③交易方式】分类方式的介绍，这里不作展开，着重介绍【④运作方式】和【⑤募集方式】这两种分类方式。

【④运作方式】

封闭型基金：基金份额在基金合同期限内固定不变，发行期满、基金募集达到预计规模后，便不再接受投资人申购或赎回。

开放式基金：基金份额不固定，投资人可以在交易日按照基金净值，通过基金销售渠道买进、赎回或转换。

这种分类决定了投资者是否能够随时申赎基金，而有些基金则兼有封闭期和开放期，具体都可在基金合同或平台的基金详情里查看。

第三章　现金管理：随取随用，以备不时之需

【⑤募集方式】

公募基金：以公开方式向社会公众投资者募集基金，可以通过基金公司直销、第三方代售等方式面向公众公开发行。投资门槛较低、透明度较高、风控合规限制较多。

私募基金：不公开发行，只能向特定合格投资者募集。投资门槛较高、公开披露信息较少、操盘较灵活。

普通人关注公募基金即可。

一、什么是货币基金

货币基金，是指只在货币市场上投资短期有价证券的一种基金。

什么又是货币市场？货币市场就是各种一年内的金融资产交易的市场。参与交易的金融资产包括现金、短期国债、中央银行票据、可交易的银行存单等，总之，都是中国人民银行和证监会认可的具有良好流动性的、风险很小的、期限在一年内的金融资产，可以说是"准货币"。所以，这些产品交易的地方才叫货币市场。

理论上，货币基金的风险和银行存款是差不多的。

二、收益率：为什么货币基金的收益比银行存款高

20世纪70年代，美国由于经济衰退而发生通货膨胀，市场利率达到8%，而活期存款利率被法规限制在5.25%，低于通货膨胀率，没人愿意把钱存在银行。

那时候只有定期存单不受5.25%的限制，但是存款门槛是10万美元，远远超出了当时大部分普通人的资金量。

这时，一个名为"储蓄基金"的共同基金诞生了，它购买了30万美元的高利率存款，然后又把它拆分成了300份，以每份1000美元的价格卖给小额投资者，其实就相当于大家一起凑份子去购买高收益的大额存单。

世界上第一只货币基金就这样诞生了。

上一小节给出的银行产品类别表里可以看到，目前我国的大额存单的利息至少可以到2%，再搭配结构性存款等其他投资品种，不难理解货币基金为什么收益比活期高那么多。

三、安全性：收益比活期高近10倍，风险是不是也比活期大

并不是。

第三章 现金管理:随取随用,以备不时之需

虽然理论上货币基金有亏损的可能,如之前提到的世界上第一只货币基金,就在 2008 年全球金融危机里清盘了。

我国历史上也有极个别货币基金发生过几天的亏损,但亏损幅度都非常小,而且只是单日亏损,并没有连续下跌,见表 3-4。

表 3-4 我国历史上的货币基金亏损情况

亏损日期	基 金 名 称	万份收益(元)
2005-04-27	鹏华货币 A(160606)	-0.280 4
2006-06-08	泰达宏利货币 A(162206)	-0.256 6
2006-06-09	易方达货币 A(110006)	-0.040 9
2016-07-18	兴业鑫天盈货币 A(001925)	-6.060 8

即使是亏损最多的那次,在亏损后持有几天损失也就弥补了,见表 3-5。

表 3-5 兴业鑫天盈货币 A 收益表

净值日期	万份收益(元)	7 日年化收益率(%)
2016-07-27	0.645 5	2.538 0
2016-07-26	0.645 6	2.618 0
2016-07-25	0.691 6	2.619 0
2016-07-24	0.657 1	-0.933 0
2016-07-23	0.657 1	-0.942 0
2016-07-22	0.634 1	-0.952 0

（续）

净值日期	万份收益（元）	7日年化收益率（%）
2016-07-21	0.876 2	-0.950 0
2016-07-20	0.795 6	-1.072 0
2016-07-19	0.645 7	-1.153 0
2016-07-18	-6.060 8	-1.155 0

注：资料来源于天天基金网。

什么情况下货币基金会亏损呢？有3种可能。

1）严重金融危机，金融体系崩盘，有些货币基金也会受到波及，但这时其他金融资产更不安全。

2）市场利率在短期内大幅上升，而货币基金投资的短期国债的收益率是固定的，相应的价格就会下跌。

3）发生大额赎回，没有足够的现金兑付，只能抛售还在浮亏状态的券种，造成实际亏损。这种情况也很少见，实在不放心，注意一下持有人结构即可，不要过于集中。

在日常投资中，这种概率又小、损失又小的风险基本可以忽略。

四、流动性：能随取随用，是投资货币基金中最重要的事

货币基金的收益率比活期存款高，安全性也差不多，

第三章　现金管理：随取随用，以备不时之需

按照"理财不可能三角"，流动性应该比活期存款差才对吧？

严格来说是这样，货币基金提取资金是 T+1 到账的。也就是投资者在交易日 15:00 前发起赎回，第 2 个交易日才会到账；15:00 后的申请则会顺延到第 3 个交易日。

而我们选择货币基金，就是为了闲散资金考虑的，货币基金里保持 3~6 个月的生活费即可，供日常花销和应急，收益是其次。这种流动性如何满足需求？

正如很多人都知道的，支付宝的余额宝和微信的零钱通提现，都有快速到账功能，可以做到实时到账。这是如何实现的呢？

其实，快速到账赎回的资金并不是基金公司确认份额后赎回的资金，而是平台垫付的，所以才会有限额。而现在大多数大型的互联网平台的宝宝类产品都能做到 7×24 小时快速到账，见表 3-6。

表 3-6　互联网理财平台的货币基金申购赎回规则

平台	产品名称	单次转入金额	申购何时开始计算收益	赎回何时到银行卡
支付宝	余额宝	1 分起	T+1	2 小时快速到账，每日限额 1 万元，实际可以做到实时
微信	零钱通	1 分起	同上	同上

一看就懂的理财课

　　表 3-6 为大家列出了一些选择，也可以去已经有的各种金融类 App 中查看类似的现金类产品，认真看一下买入卖出规则是否适合自己。

　　以上都是场外申购渠道，一些投资者偶尔也有在场内买入的需求。

　　什么是场内和场外？

Tips 场内 VS 场外

　　场就是交易所的意思。

　　场内基金，就是在交易所内，从其他的基金持有人手上买卖基金，相当于一个二手市场，所以它的价格是随着交易情况实时波动的，比场外价格高就叫"溢价"，比场外价格低就叫"折价"。一般只能在证券账户操作。

　　场外基金就是直接从基金公司买（申购）基金，也包括各大互联网平台、银行、券商等有代销资格的渠道，只要你看到"申购""赎回"就是广义上的场外。这个价格，是每个交易日收盘后根据基金所买的"一篮子股票"当天的价格算出的实际价格。

　　一只基金可能只能在场外申赎，也可能只能在场内交易，也可能同时可以在场内、场外买入、卖出。

　　如表 3-7 所示，一张表告诉你二者区别。

第三章　现金管理：随取随用，以备不时之需

表3-7　场内基金和场外基金的区别

比较项	场内基金	场外基金
交易渠道	通过证券账户在交易所进行买卖	通过基金公司直销、银行/券商/第三方理财代销进行申赎
和谁交易	其他投资者	基金公司
交易费用	收取交易佣金，无印花税，有的券商会收取最低5元交易费用，但现在最低可以做到万1免5。不同券商的交易费用不同，如果太高可以找券商客服调低	申购费、赎回费，具体要看不同基金交易规则里的费用说明。一般都比场内高，但现在很多平台也能做到申购费1折
交易价格	成交形成实时价格，可能会和真实净值出现价差	未知价格，申购时只能确定金额，然后根据收盘后的净值确定份额
投资门槛	门槛较高，至少1手（100份）	门槛低，1元起、10元起、100元起都很常见，甚至有低至0.1元起的
买入时效	买入后实时确认份额（持仓），T+1日可卖，甚至还有很多T+0的	申购后T+1日确认份额，T+2日可赎回
到账时效	卖出后资金即刻到账	赎回后T+1到T+7日到账，具体也要看购买渠道的规定
分红方式	现金分红	现金分红或者红利再投

注：本节的主角——货币基金，不管是场内还是场外，很多都能做到0交易费用，因为本来收益就不多；同时也如上文所说，很多场外赎回也支持实时到账，这是得益于平台的垫付。

综合看来，场内和场外各有优势，后面讲到不同的基金时，会结合具体需求说明更适合选场内还是场外。

一看就懂的理财课

那么什么情况下需要买场内货币基金呢？

很多场内货币基金可以 T+0 交易，且无税费，可以充分利用证券账户里的闲置资金。比如，法定节假日休市的前一天，投资者有一笔闲置资金，但是买场外货币基金已经来不及了，因为要下一个交易日才能确认份额开始计算收益，这时候你就可以考虑场内 T+0 的货币基金；再如，炒股的人为了提高资金的利用率，会把证券账户里的现金直接购买场内货币基金享受收益。

当然，上文中也提到了买入当日即可计算收益的场外货币基金产品，这个需求并不是无可替代。

Tips：不同场内货币基金的流动性

如果你有购买场内货币基金的需要，了解以下这 3 种分类的交易规则，就可以充分利用资金了，见表 3-8。

表 3-8　不同类型场内货币基金的交易规则

代码	类型	场内申赎（在证券账户操作的申赎，相当于券商代销）	场内买卖（在交易所内和其他投资者的交易，有价差，注意风险；且要确认你的券商 0 交易费）
519 开头	申赎型	可以： T 日申购 T 日享收益，T+1 日可赎回 赎回 T 日不计算收益，T 日资金可用于其他投资，T+1 日可取现	不可以

第三章 现金管理：随取随用，以备不时之需

（续）

511 开头	交易型	可以： T 日申购 T+1 日享收益，T+2 日可赎可卖 T 日赎回，T 日享收益，T+2 日资金可用可取现	可以： T 日场内买入，T 日享收益，T 日可赎可卖 T 日赎回，T 日不享受收益，T 日资金可用于其他投资，T+1 日可取现
159 开头	交易兼申赎型	都可以，且交易规则相同： T 日申购或买入，T+1 日享收益，T 日可赎可卖 T 日赎回或卖出，T 日享收益，T 日资金可用于其他投资，T+1 日可取现	

五、费率：购买基金产品的隐形成本

说完流动性，还需要注意费率。绝大多数货币基金可以做到交易 0 费率，如果你的货币基金买卖或申赎还要费用，那可能就得不偿失了。

除了交易的费率，基金还有 3 种常见费率：销售服务费、管理费、托管费，分别是给销售渠道、基金公司、银行的。

在各个渠道购买基金之后，钱都是直接进入基金公司在银行开设的专有账户，由基金公司进行交易管理，银行托管。因此，基金里的钱在银行的托管下，只能用来投资合同范围内的金融资产。网上有些人基金亏钱了就觉得是基金经理中饱私囊，其实在现在的监管体制下是不可能的。

费率的高低，在买货币基金的时候也可以注意一下，

在购买渠道点开基金详情都能看到,如图 3-2 所示。

(二)基金运作相关费用

以下费用将从基金资产中扣除:

费用类别	收费方式/年费率
管理费	0.28%
托管费	0.05%
销售服务费	0.25%
其他费用	因基金的证券交易或结算而产生的费用;基金合同生效以后的信息披露费用;基金份额持有人大会费用;基金合同生效以后的会计师费和律师费;基金资产的资金汇划费用;按照国家有关法律法规规定可以列入的其他费用。

注: 本基金交易证券、基金等产生的费用和税负,按实际发生额从基金资产扣除。

图 3-2　基金运作的费用(截图)

六、看懂这几个词,读懂货币基金

货币基金的收益相差不大,我们没有必要花太多精力去研究,看懂下面几个词就足够了。

(一)万份收益

和大多数基金不一样,货币基金的每份单位净值固定为 1 元,所以会用万份收益来说明当天基金的实际收益情况,即前一天持有 1 万元该基金在当日获利的金额。

但由于货币基金很大程度上是靠所持有的债券和存款发放利息盈利的,所以某一天的万份收益并不能反映基金的长期收益能力;某一天这个数字较高,可能只是碰上了利息发放日。

第三章　现金管理：随取随用，以备不时之需

（二）7日年化

7日年化收益率是指将最近7天的平均收益率进行年化计算得出的数据。有些平台还会给出15日年化、28日年化。但不是用简单的算数平均数，而是几何平均数。并且根据两种不同的收益结算方式，公式也不同，普通投资者一般不需要了解。

我们需要了解的是两种不同的收益结算方式。

（三）月结 VS 日结

货币基金有两种收益结算方式：

一是月结，"日日分红，按月结转"，每天的收益不会立刻转成增加的份额，到每个月结算的日期才会统一计入持有份额，即日日单利、月月复利。

二是日结，"日日分红，按日结转"，每天的收益都会投入本金增加份额，即日日复利。

各大平台面向个人的宝宝类货基大多都能做到日结。

由于我们在货币基金里放的钱不会太多，所以这点差异其实也不需要太在意。

七、购买货币基金的3个小技巧

（一）技巧1：一个操作，余额宝收益率增加30%

这个技巧简单实用，动动手就可以轻松提高各平台的

货基收益率。以支付宝里的余额宝为例,在余额宝的这个界面单击查看更多产品,如图3-3所示。

图3-3 余额宝截图

从中选择一个收益最高的即可,如图3-4所示。

同样,微信钱包里的零钱通也有同样的操作,如图3-5所示。

(二)技巧2:周五不申购,周四不赎回

和投资股票的金融产品不一样,货币基金在非交易日也是有利息的。所以,在节假日前,稍不注意就会出现资

第三章 现金管理:随取随用,以备不时之需

金站岗没有收益的情况。

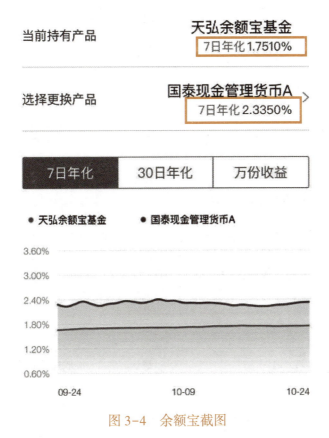

图 3-4 余额宝截图

基金交易是在工作日进行的,15:00 闭市后基金净值出来才能在第 2 个交易日确认份额,并开始计算收益。

我们接触最多的、投资最方便的场外货币基金也是如此,如果周五交易时间申购(周四 15:00 后申购同理),要到下周一才能确认份额和计算收益,无法享有周六和周

一看就懂的理财课

日两天的收益，如图 3-6 所示。

当前购买产品（7日年化收益）	
工银现金快线	1.7620%

请选择要更换的产品（7日年化收益）	
平安日增利货币	2.3510% ⓘ
嘉实活钱包A	2.3340% ⓘ
易方达易理财	2.2050% ⓘ
汇添富现金宝货币	2.1420% ⓘ

图 3-5　余额宝截图

转入时间	确认份额	收益发放
周一15:00～周二15:00前	周三	周四
周二15:00～周三15:00前	周四	周五
周三15:00～周四15:00前	周五	周六
周四15:00～周五15:00前	下周一	下周二
周五15:00～下周一15:00前	下周二	下周三

图 3-6　余额宝截图（周五不申购）

第三章　现金管理：随取随用，以备不时之需

而在交易日 15:00 前提交赎回申请，也需要在当天收盘后用最新净值计算份额再转出，当天的收益计算在内。因此，周四交易时间（周三 15:00 后赎回同理）提交的赎回申请，收益只计算到周四，到账时间是周五。这时，除非有用钱需求，或是有 T+0 理财的计划，否则周末两天的收益会被浪费，买其他基金也要周一才能计算收益。而如果晚一天，周五赎回，除了享有周五的收益，还能有周末的收益，都在下周一到账，如图 3-7 所示。

转出时间	普通转出到账时间	收益计算至
周一15:00～周二15:00前	周三	周二
周二15:00～周三15:00前	周四	周三
周三15:00～周四15:00前	周五	周四
周四15:00～周五15:00前	下周一	周日
周五15:00～下周一15:00前	下周二	下周一

图 3-7　余额宝截图（周四不赎回）

其他法定节假日前的申购赎回也可参考，但一些基金为防止节假日前出现大量申购摊薄收益，往往会提前停止申购，需要注意基金公司的相关公告。

(三)技巧3：关注B类货币基金

场外货币基金大多会设A类和B类两类基金份额，统一运作，却按照不同的费率计提销售服务费。其中，B类主要面向机构客户或资金量较大的客户，申购起点通常在500万元以上。就像批发比零售便宜一样，B类的销售服务费通常略低于A类。成本不同，投资标的却是一致的，会造成同一只货币基金的A类和B类的收益有所不同，B类略高。

打开天天基金网的货币基金页面，随手截取一只基金。这只基金A类申购起点是100元，B类申购起点是500万元，如图3-8所示。

基金代码	基金名称	单位净值	万份收益
750007	安信现金管理货币B	--	0.533 9
750006	安信现金管理货币A	--	0.467 9

图3-8 天天基金网截图

你可能会想：500万元起购，就算费率低，和我又有什么关系呢？

其实，随着基金公司的竞争越来越激烈，有些产品的B类份额会和A类设置一样的起投门槛。为了避免广告嫌疑，这里就不给大家推荐具体产品了。在天天基金网

（fund.eastmoney.com）的货币基金页面筛选出 B 类货币基金，仔细看，会发现很多基金都是 100 元起购，却享受着低费率。

第四节　国债逆回购

安全性：★★★★★
流动性：★★★★
收益率：★★

所谓国债逆回购，本质就是一种短期贷款。也就是说，个人通过国债回购市场把自己的资金借出去，获得固定的利息收益；而回购方，也就是借款人用自己的国债作为抵押获得这笔借款，到期后还本付息。

国债逆回购市场的利率每天都在变化，但实际上是一个固定收益产品。因为，在你投资一笔逆回购时（也就是借出一笔钱时），你的借出期限和所收的利息就被固定下来了，不会再随市场变化而变化。比如，今天的利率是4%，投资者投了一笔。即使明天利率跌到3%，也不会影响这笔钱的收益。等逆回购到期，本金会自动回到账户上,投资者也会获得约定的利息。

目前,1天期国债逆回购的市场平均年化收益在3%左右,远高于银行活期存款,但相较于货币基金和短期理财产品并无明显的优势。所以,国债逆回购更适用于短期的投资,大于7天的国债逆回购产品,交易量相对较少。

国债逆回购的利息变化取决于市场上资金的流动性,这是国债逆回购的第一个特点。

当市场上的钱特别多时,利息就会下降;反之,当市场上缺钱时,特别是当金融机构缺钱时,利息就会上涨。

金融机构什么时候会特别缺钱?每逢月末、季末、半年末、年末,机构要冲时点业绩,钱会变得特别值钱。因此,如果能够抓住这几个时间点投资国债逆回购,往往能获得超额收益。

比如,2018年3月29日(周四),国债逆回购年化收益率为66%(实际占用资金3天),相当于10万元本金1天就能获得大约180元的收益。2017年9月28(周四)那天国债逆回购年化收益率更是高达145%,实际占用资金才10天,相当于10万元本金1天赚397元,还没有风险。

国债逆回购的第二个特点是:逆回购期限是按照资金占用自然日的天数进行计算的,在交易日进行结算。通常投资者进行国债逆回购交易操作的下一个交易日开始计息。

第三章　现金管理：随取随用，以备不时之需

以上这两个特点一结合，就让国债逆回购成为节假日闲散资金理财的不二之选。

首先，你需要一个证券账户。在假期前的倒数第二天操作国债逆回购。以2020年国庆长假为例，国庆假期是从周四放到下一个周三。如果投资者是在9月29日（周二）购买了1天期的逆回购，那么T+1也就是9月30日即开始计息，同时到期，本金回到证券账户中，显示资金可用不可取。因为T+2放完假的第一个工作日（10月8日）才可以取出。但这笔钱在证券账户里是可用的，不管是买入股票，还是购买券商的T+0短期理财产品，又或者买入场内货币基金。更重要的是，按自然日计息的国债逆回购，会把假期的时间都算进去，即一共计算了8天的利息，其中有7天是白得的，资金实际只占用了1天。

除了节假日，国债逆回购也很适合短期闲置的大额资金理财。比如，小文准备买车，金额是100万元。汽车经销商告诉他，下周才能到货提车，具体时间会提前一天通知。

这笔钱不能承受损失，但金额较大，放在银行账户上只能享受活期利息，那么就很适合选择1天期国债逆回购（204001）。第一天，小文以4.56%的价格成交了1天期国债逆回购品种100万元。

国债逆回购收益计算公式是（手续费按期限天数计

一看就懂的理财课

算,每天为成交额的 0.001%)

净收益=成交额×年化收益率×回购天数÷365 天-手续费

1 天之后,小文获得了 114.93 元收益。而如果他只放到银行活期储蓄账户中,1 天获得的利息仅为 8.22 元。

小文每天都操作 1 天期的国债逆回购,直到一周后汽车经销商通知他去提车,期间获得的累计超额收益超过 800 元,且风险极低,还不占用时间。

操作很简单,在交易时间内打开证券交易软件,在证券委托中选择"卖出"(记住:一定要点"卖出"而不是"买入",这与股票交易不同),然后在"证券代码"中输入相关品种的代码(建议只关注 7 天以内的短期逆回购),见表 3-9 和表 3-10。

表 3-9 上交所回购品种

代码	简称	品　种	佣金费率
204001	GC001	1 天国债回购	成交金额的 0.001%
204002	GC002	2 天国债回购	成交金额的 0.002%
204003	GC003	3 天国债回购	成交金额的 0.003%
204004	GC004	4 天国债回购	成交金额的 0.004%
204007	GC007	7 天国债回购	成交金额的 0.005%
204014	GC014	14 天国债回购	成交金额的 0.010%
204028	GC028	28 天国债回购	成交金额的 0.020%
204091	GC091	91 天国债回购	成交金额的 0.030%
204182	GC182	182 天国债回购	成交金额的 0.030%

第三章 现金管理：随取随用，以备不时之需

表3-10 深交所回购品种

代码	简称	品　　种	佣金费率
131810	R-001	1天国债回购	成交金额的0.001%
131811	R-002	2天国债回购	成交金额的0.002%
131800	R-003	3天国债回购	成交金额的0.003%
131809	R-004	4天国债回购	成交金额的0.004%
131801	R-007	7天国债回购	成交金额的0.005%
131802	R-014	14天国债回购	成交金额的0.010%
131803	R-028	28天国债回购	成交金额的0.020%
131804	R-063	63天国债回购	成交金额的0.030%
131805	R-091	91天国债回购	成交金额的0.030%
131806	R-182	182天国债回购	成交金额的0.030%
131807	R-273	273天国债回购	成交金额的0.030%

在"融券价格"中可以看到该品种的交易价格。如果计划资金超过1周不做其他投资，需要计算一下连续做1天和做一个7天的逆回购哪个收益大，然后在"融券数量"一栏填入申报交易数量，上交所的买入门槛是10万元，深交所是1000元，整数倍递增。单击"融券下单"，成交后手续费扣除。

第五节　券商收益凭证

安全性：★★★★
流动性：★★★
收益率：★★

资管新规实施后，除了银行存款，没有产品可以公开宣传保本，更不要说保息。其中有一种金融产品是最"冤"的——券商收益凭证。

券商收益凭证就是指证券公司以自身信用发行的，约定本金和收益的偿付与特定标的相关联的有价证券。即券商向投资者借钱，到期后一次性还本付息，算是券商发行的本公司的短期债券。

不严谨地说，除非该证券公司倒闭，不然都得给你保本保息。当然也要注意，券商收益凭证也有非保本型和保本浮动收益型，虽然很少见。

一般来说，该类产品收益率都不低，能够达到5%左右。

但是证券公司也不傻。现阶段券商的融资融券和股票

第三章　现金管理：随取随用，以备不时之需

质押业务都需要大量的资金借给股票投资者，相当于券商从一些投资者手里借钱，再借给另一些投资者，从中收取利息。

同时，券商收益凭证还是吸引开户的利器，很多券商只有新开户的用户可以购买，且起购门槛高、期限都不长。基本都是数万元起购，期限短的有十几天，长的也就几个月。

除了以上这些美中不足，券商收益凭证最大的缺点就是——抢不到。

如果你也想投资券商收益凭证，需要去你的券商 App 的理财模块找到对应的产品，记下发售时间，定闹钟，拼手速。

第四章

稳健理财：笑对市场波动

现在很多平台都会提供一个数据，如图4-1所示。

图4-1　支付宝截图

这个数字，有意义吗？对鼓励用户坚持长期投资来说，有用。对提高用户的收益率呢？没用。

很多新手入场，运气好，跑赢了大部分人，就会有一种自己很厉害的错觉。随后就是加重仓位，而这时往往是市场高位。一旦市场回调，同样百分比的收益率回撤，可

第四章 稳健理财：笑对市场波动

能就把之前凭运气赚的钱又亏出去了。

不要一听到谁的收益率高就头脑发热，投资不是一两天、一两年的事，看得见"贼吃肉"，也要看得见"贼挨打"。

巴菲特曾在哥伦比亚大学商学院就读，深受老师格雷厄姆的影响。而格雷厄姆投资原则的第一条就是：不要亏损；第二条是：永远不要忘记第一条。

要知道，巴菲特单年度的收益也极少会超过50%，但亏损的年份也屈指可数，且亏损都在10%以下，如图4-2所示。

他长期年化20%的收益率，已经是常人难以企及的了。因为从长期来看，回撤才是收益率最大的敌人：

假如小明和小强两人玩大富翁游戏，小明走5步退1步，小强每次只走半步，10回合之后，谁走得远？

答案肯定是小明。

但如果是复利投资中呢？

小强通过合理的资产配置，每年可以取得25%的收益。小明是个风险偏好较高的投资高手，在A股中，每年收益率50%，堪称"股神"，我们假设他只有在大盘暴跌的时候才会有50%的损失。

首先回顾一下A股的"大跌史"：

一看就懂的理财课

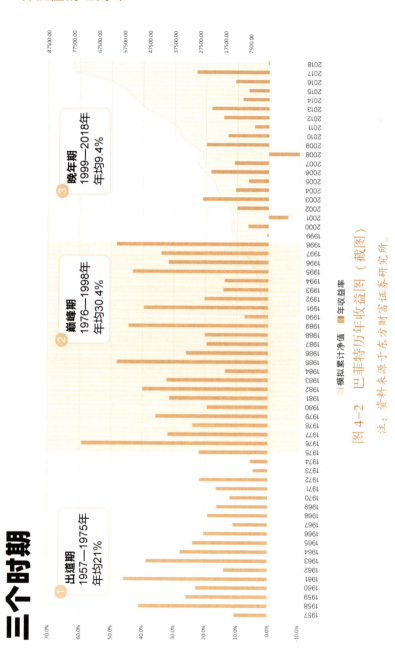

图 4-2 巴菲特历年年收益图（截图）

注：资料来源于东方财富证券研究所。

第四章 稳健理财：笑对市场波动

1992年5月25日至11月17日，沪指跌幅73%；
1993年2月16日至1994年7月29日，沪指跌幅79%；
1995年5月22日至1996年1月19日，沪指跌幅45%；
2001年6月14日至2005年6月6日，沪指跌幅56%；
2007年10月16日至2008年10月28日，沪指跌幅73%；
2009年8月4日至2013年6月26日，沪指跌幅45%；
2015年6月8日至2016年1月28日，沪指跌幅49%。

即便只算跌幅50%以上的，20年间也有4次。就算小明在变幻莫测的市场中，只有极端行情下才会跌去和1年收益率一样的幅度，按照每5年跌1次的频率，和小强相比也会出现图4-3所示的这种结果。

图4-3 投资中，亏50%的威力比赚50%大得多

复利投资中，随着资金量越来越大，"退半步的动作"会越来越认真。还是那句话：不管收益率达到多高，亏完

一看就懂的理财课

本金只需要 100%。

这些钱如果亏了 50% 甚至 100% 也是你能接受的，那还好。一旦因为曾经的高收益投入越来越多的本金，就可能影响家庭生活和人生规划。

我有一个同学，研究生毕业后在北京找了一份解决北京户口的工作，家里给了他一笔钱用来买房。但是他们单位工作满 1 年才能办理落户，他拿着那么一大笔钱买不了房，放银行、放支付宝，利率都不太满意。刚好那两年股市很红火，他又是学金融的，就拿那笔钱去炒股了，想着赚点零花钱，毕竟刚毕业手头也不宽裕。结果亏了约 40%，只能忍痛"割肉"离场。他没敢把这件事告诉家里人，只能一边省吃俭用，一边和家里说没看到心仪的房子，拖了两三年才付了首付。

我们生活中经常会有这种资金需求：这笔钱短期没用，但长期有用，且不能承受亏损风险，收益最低要能跑赢通货膨胀，比如自己和父母的养老金、子女的教育金、准备买房买车的钱、准备用于婚嫁的钱等。

这种时候，我们的钱放在哪里最合适呢？本章将着重解决这个问题，寻找一些合适的投资途径。

第四章　稳健理财：笑对市场波动

第一节　银行存款不止活期和定期

其实除了我们常提到的活期存款和定期存款，还有很多存款类型。随着金融监管越来越严格，前几年如火如荼的"互联网新型存款"纷纷下架，年利率能给到5%左右的存款产品不复存在。但存款，依然在人们的生活中扮演着重要角色。

下面将展开介绍3种存款，即通知存款、定期存款和结构性存款，它们各有特点。

一、通知存款

安全性：★★★★★
流动性：★★★
收益率：★

（一）什么是通知存款

字面意思，通知存款的支取需要提前通知。根据提前通知的时间又细分为提前1天通知和提前7天通知。

一看就懂的理财课

　　提前通知的意义在于银行每日的现金库存是有上限的，面对金额较大的支取，银行要保证有充足的资金供给，提前通知恰好给出了银行筹集资金的准备时间。

　　由于提前通知的时间不同，其利率也不尽相同。某银行1天期通知存款的利率在0.55%左右，7天期通知存款的利率在1.1%左右。各银行之间稍有差异，大家需以各自的存款银行为准。

　　通知存款存入和支取有一定的金额门槛，通常是5万元起步，并且部分支取要保证余额在5万元以上。如果非正常支取（没有提前通知就支取、提前通知支取却未履约、支取不满5万元）只计活期利息或不计利息。

　　通知存款利息又不高，门槛却不低，规则还很麻烦，是不是不值得操作呢？存在即合理。在某些特定情况下，通知存款还是有用武之地的。

（二）通知存款的好处

　　首先，通知存款可以作为出国旅游存款证明。

　　办过签证的人都知道，有的国家签证需要短期存款证明，以此来说明你的经济实力允许出国。

　　一般来说，出国游玩的时间不会太长，多则十几天，短则一个星期，在这种情况下，通知存款就是非常合适

第四章 稳健理财：笑对市场波动

的选择。相比 3 个月的定期存款来说（定存最短期限 3 个月），通知存款更加机动灵活。办一个 7 天期的通知存款既能顺利办取签证，又能解决资金闲置的问题，况且利率比定期存款还要高，可谓"一石三鸟"，何乐而不为呢？

除此之外，通知存款作为短期资金还有其他理财妙用。

第一，手头有一笔 3~5 天后待用的资金，不管是出于安全性还是紧急性的考虑，通知存款都能满足需求，其既可以避免手续办理期间的资金闲置，又可以赚取比活期存款还高的利息。

第二，像余额宝和微信零钱通等货币基金，在周四 15：00 过后申购其计息期要等到下周一，周五和周末 3 天是不享受收益的。如果在这段时间内收到一笔资金，为了不让资金闲置可以考虑 1 天期通知存款，待到下周一时再将这笔资金转入货基也不迟。

第三，对随时有生意资金往来的个人和公司来说，存活期利率低，存定期不灵活，也可以考虑通知存款。

而且现在办里通知存款不用去柜台了，存钱的时候打开手机银行找到"活期转通知存款"，取钱的时候选择"通知存款转活期存款"即可，方便快捷。

二、定期存款

安全性：★★★★★
流动性：★★
收益率：★

（一）什么是定期存款

根据央行在 2020 年的统计，市场上的货币总量中，60% 为定期存款，其余为货币基金、活期存款等。而在储蓄（活期+定期）总量中，定期存款占比为 90%，这一数据直接反映了定期存款在大众心目中的地位。

各个银行定期存款的利率各不相同，在央行规定的基准利率上，各个银行都有上浮和下浮的权限。通常，国内五大国有银行的定期存款利率比央行的基准利率偏高，且上浮比例基本一致；一些地方性银行为了吸引储户，会设置更高的上浮比例。

表 4-1 为部分银行公布的 2021 年 1 年期定期存款利率表。从表 4-1 可以看出，在不考虑其他因素的条件下，每 10 万元 1 年期定期存款，宁波银行要比工商银行多出 250 元的利息。利率虽有不同，但总体来说差别并不是很大。

第四章 稳健理财：笑对市场波动

表4-1 部分银行公布的2021年1年期定期存款利率表

银　　行	1年期定存利率
基准利率	1.500
中国银行	1.750
建设银行	1.750
工商银行	1.750
农业银行	1.750
邮政银行	1.780
交通银行	1.750
招商银行	1.750
上海银行	1.950
光大银行	1.950
浦发银行	1.950
平安银行	1.950
宁波银行	2.000

注：资料来源于中国利率网。

根据传统的理解，定期存款一旦存入，资金就相当于被"冻结"，要等到到期日才能领取。

其实并非如此。2021年以前，定期存款提前支取的部分可以按照最近档位的利息算定期，比如定期5年的，2年多取出来，可以按照定期2年的利息计算。但2021年以后，提前支取出的部分，其利息智能按照支取日的活期存款利率计算，其余部分则在到期日按存款日挂牌定期利率计算。

换句话说，定期存款中途可以支取，只不过支取的部分不再享受定期存款的利率，而是按照活期存款利率计算收益。

对于普通百姓来说，定期存款已经是生活中不可或缺的一部分，因此，非常有必要掌握正确的存款姿势。

（二）如何正确购买定期存款

分期分批进行存款。这样可以隔一段时间就有存款到期，增强了资金的流动性，既能应对突发事件下的紧急支取，又可以最大化避免因提前支取而减少的利息损失。

购买定期的理财产品都可以采用这个节奏。

注意到期转存设置。到期转存设置需要因人而异：对记性好的人来说，没有必要设置到期转存，存款到期时到银行自助办理即可，通常有机会享受到银行的一些临时优惠政策；对大多数不上心、记不住、没时间的人来说，最好是在办理定存时直接申请"到期转存"，银行会根据到期日的挂牌价格直接办理续存，避免了时间价值损失。

可以考虑大额存单。大额存单的全称为"可转让大额定期存单"，在 2015 年正式发行，是起存点比较高的一种大额定期存款方式。适用于资金量较大的客户，通常为 20 万元以上，但是各银行、各产品略有差别，具体以银行的公告为准。

大额存单的利率比同期定期存款利率高 40%~80%，

第四章　稳健理财：笑对市场波动

比较适合手里有大量闲置资金且追求稳定收益的低风险投资人。

大额存单的最低金额、提前支取和转让的政策各银行不尽相同，投入者买入时需自行查询银行产品介绍，或咨询银行经理。

如今，大额存单的购买也更加方便快捷，既可以通过银行柜台线下办理，也可以通过网上银行或者银行 App 线上办理。

（三）定期存款避"坑"

把钱放在定期存款本来是为了安全，但定期存款也不是没有"坑"。

对银行来说，定期存款的销售提成并不是很理想。因此，为了赚取高提成，银行理财经理会"套路"投资者购买银行代售的理财产品或是保险产品。虽然两者各有各的优点，但在取出细则、风险水平上，和定期存款还是很不一样的。

在此提醒广大投资者，虽然现在的金融从业者工作越来越规范，但"套路"无处不在，一定要认真研读合同条款，谨慎做决策。

三、结构性存款

安全性：★★★★☆

一看就懂的理财课

流动性：★
收益率：★

除了上述两种银行产品，还有一种备受关注的银行产品——结构性存款。

(一) 什么是结构性存款

严格来说，结构性存款并不是单纯的存款，而是介于存款和银行理财之间的一种产品。简单来说，相当于银行利用结构性存款的利息去做一些低风险的期权交易，从而获得更高的收益。同时，存款部分一样可以获得存款利息收益，受《存款保险条例》保护。而收益则是浮动的，不是固定的利息。

(二) 结构性存款的特点

通常来说，结构性存款的安全性很好，是收益中等的低风险理财产品，但其中有一些是不保本的，并且在资管新规后会逐渐成为结构性存款的主流。因此，关于本金是否100%安全，需要仔细阅读合同确认。

结构性存款也有其缺点。因为结构性存款到期前不能撤销，不能提前支取，流动性较差。

第四章　稳健理财：笑对市场波动

第二节　银行定期理财

安全性：★★★

流动性：★

收益率：★★

上一章里介绍的银行 T+0 理财可以满足日常生活的流动性资金需求，同时风险也很小。但大多数人了解的银行理财，更多的可能是定期银行理财。

银行卖的理财产品让人眼花缭乱，普通人很难分得清哪些是银行自己出的，哪些是代销的，甚至根本不知道有代销，认为只要把钱放在银行就不会亏本。

2020 年，一则"工商银行理财产品爆雷"的消息让人震惊，但仔细一看，其实爆雷的是工商银行代销的一个基金公司子公司的资管计划产品，工商银行只是一个销售渠道。这个产品发售时显示的是年化 4% 的收益，爆雷后，投资者的损失却达到 40%。

所以，在银行买到的理财产品，不一定是银行理财，还有可能是保险、基金、信托等，购买时一定要详细咨询

一看就懂的理财课

客户经理,仔细阅读产品详情。

有些投资者非常在意资金的安全性,只选择银行产品。那么是不是购买时擦亮双眼,只选择银行自己的理财产品就可以了?

其实不然。资管新规前,银行只是不保证代销的理财产品刚兑;资管新规后,银行的理财产品也都是净值型了,也就是说,不保证刚兑。

所以一定要注意,银行定期理财和定期存款不同:

1)银行理财产品不受存款保险制度保障,也不能承诺刚性兑付,银行也不承担风险。

2)定期理财必须到期才能支取,不能中途支取。

3)理财产品可能会有固定的起息日,投资者买入理财后,有时资金要在银行账上停留几天,才能起息。

总的来说,现阶段的银行理财和基金产品相比,本金安全的优势不再能得到保证,流动性又比不上开放式基金,很多投资者都纷纷转向基金公司的产品,而银行也纷纷着力发展理财子公司。希望在严格的金融监管和激烈的市场竞争下,今后的银行产品能越来越优秀,投资者的选择也能越来越丰富。

第四章　稳健理财：笑对市场波动

第三节　债券及债券基金

安全性：★★☆
流动性：★★★
收益率：★★★

很多投资者对债券基金感到陌生，因为它们分类繁多，且投资标的大多是枯燥难懂的固定收益类金融工具。然而，它们却是健康的资产配置中必不可少的一类投资标的，是投资组合中的压舱石。

债券基金具有平衡风险、参与门槛低、购入费率低、投资时间短的特点。顾名思义，债券基金就是主要投资债券的基金。而我们为什么不直接买入债券而需要债券基金呢？了解完债券的相关知识，你自然就知道了。

一、债券

（一）什么是债券

债券就是发行者为筹集资金发行的、在约定时间支付

一看就懂的理财课

一定比例的利息,并在到期时偿还本金的有价证券。通俗地讲,债券就是一张标准的"欠条",只不过欠钱的人从个人变成了国家、政府、金融机构、企业等,债券可以交易。

首先看一个案例:

2020年1月1日,投资者A公司花1000万元从上海证券交易所购入发行人B公司同日发行的5年期公司债券125 000份,债券票面价值总额为1250万元,票面年利率为4.72%,于当年年末支付本年度债券利息,本金在债券到期时一次性偿还。

这里面涉及几个概念:发行人、债券面值、X年期、票面年利率、付息期。

(二) 债券发行人

债券发行人其实就是债务人,也就是借钱的人。在该案例中,即B公司。根据不同的发行人,债券分为不同类型。

比如,前文"国债逆回购"一节中提到的国债,发行人就是国家的中央政府,属于政府债券。政府债券是政府为筹集财政资金而发行的债券,除了中央政府发行的国债,还有地方政府债券等。这些债券有政府信用作为背书,安全性高。

金融债券是由银行和非银行金融机构发行的债券。我国的金融债券主要由国家开发银行、进出口银行、中国农业发展银行3家政策性银行发行，通常具有较好的信誉度和较高的安全性。

在国外，企业债和公司债几乎没有区别，但是在我国，两者稍有不同。公司债管理机构为中国证券监督管理委员会，发债主体是按照《中华人民共和国公司法》设立的公司法人，在实践中其发行主体为上市公司。企业债则是由国家发展和改革委员会监督管理，发债主体为中央政府部门所属机构、国有独资企业、国有控股企业，理论上来说风险更低。

然而近年来，公司债、企业债债务违约案件频发，违约债券数量逐年增加。2020年，国有企业违约债券91只，占到违约余额总规模的46%。而2020年的信用债（政府以外主体发行的有确定本息偿付现金流的债券）违约率也首次突破了1%，不过依然低于全球1.6%的水平。

只是，以前可以闭眼买的AAA评级的国企发行的债券，如今也有可能"爆雷"，债券投资对投资者专业性的要求更高了。

（三）债券面值和发行价格

首先要知道，债券面值并不等于发行价格。债券面值是债券的票面价值，是计算利息的基础，通常为100元。在上文的案例中，A公司从上海证券交易所购入B公司同日发行的 5 年期公司债券 125 00 份，因为债券面值是 100 元，所以债券票面价值总额为 1250 万元。但是 A 公司实际上并没有花到 1250 万元，而只花了 1000 万元，债券发行价格低于债券面值，因此属于折价发行。

折价发行属于债券发行 3 种方式中的一种，另外还有平价发行和溢价发行。平价发行就是债券发行价格等于面值，溢价发行是债券的发行价格大于债券面值。

投资者为什么会愿意以高于债券面值的价格买入债券呢？往往是因为债券票面利率高于投资者预期，债券的价格被哄抬起来，也就形成了溢价。

（四）票面利率

债券的票面利率是指债券利息与债券面值的比率，是发行人承诺以后一定时期支付给债券持有人报酬的计算标准，通常以年化利息的形式表示。案例中的 4.72%，就是 B 公司每年要支付给 A 公司的利率。

票面利率的确定主要受市场利率、发行主体的资信情况、计息方式、偿还期限等多个因素的影响。

（五）偿还期

偿还期也就是还款期限，是债券发行日至到期日之间的时间间隔，发行主体会根据自身的资金周转状况及外部资本市场的状况来确定还款期限。

（六）付息期

债券的付息期是指企业发行债券后利息支付的时间。通常有两种计息方式，到期一次性还本付息和固定每年付息一次。考虑到货币时间价值和通货膨胀等因素，付息期对债券投资者的实际收益有很大影响。通常来说，到期一次付息的债券，其利息是按照单利计算；而年内分期付息的债券，其利息是按照复利计算。

另外，债券中还有两个重要指标：久期和到期收益率。

（七）久期

债券的风险，一是上文提到的违约的信用风险，二是利率风险。

而久期就是用来衡量利率风险的。这里的利率，指的是无风险利率。要理解久期，首先要理解无风险利率和债券价格的关系。

Tips 无风险利率

无风险利率是指将资金投资于某一项没有任何风险的投资对象而能得到的利息率。通常认为，政府债券没有违约风险，可以代表无风险利率，因此可以用长期国债利率作为无风险利率的代表。在我国，也会用银行定期存款利率代替。

而市场利率，通常也被认为和无风险利率正相关。

一看就懂的理财课

一般来说，债券的价格和无风险利率呈反向变动关系。无风险利率升高，市场利率水涨船高，票面利率固定的债券优势变小，不容易受到资金的青睐，债券的价格就会相应走低。债券还清本息需要的时间越长，面临的利率风险就越大。

久期反映的正是债券对利率风险的敏感程度。久期的计算公式非常复杂，一般投资中只需要知道，久期越长，债券价格对无风险利率的变动越敏感。

（八）到期收益率

债券的收益水平通常用到期收益率来衡量，记作YTM。到期收益率是指以特定价格购买债券并持有至到期日所能获得的报酬率。到期收益率反映当前市场行情，有时效性。

债券是一种债权债务关系，欠债还钱，无可厚非。而且，货币是有时间价值的，所以欠债还钱不仅要还本还要付利息，债券的票面利率就是用来计算利息的利率。

同时，债券可以在市场上进行流通，既然流通就涉及低买高卖，也就是价差。根据前文可知债券有3种发行方式，如果是折价发行或溢价发行，这个时候就会有价差出现。所以，债券的收益其实来源于两部分：利息+交易价差。所以，为了计算债券的真实收益，债券到期收益率应运而生，其计算方法较复杂，可以使用天天基金网上的计算工具，如图 4-4 所示。

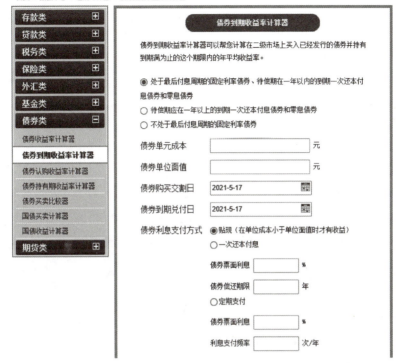

图 4-4　天天基金网的债券到期收益率计算器截图

看下来是不是很复杂？

直接投资债券，不仅需要对发行债券的公司有所了解，规避信用风险，还需要计算利率风险和到期收益率，对普通投资者来说已经很困难了。

更遗憾的是，债券市场分为银行间市场和交易所市场。品种更多、流动性更好的银行间市场是债券的主要交易市场，普通投资者也参与不了。

所以，普通投资者需要债券基金。

Tips 银行间市场

银行间市场是指银行间同业交易的市场，有调节货币流通和货币供应量、调节银行之间的货币余缺以及金融机构货币保值增值的作用。

银行间市场由同业拆借市场、票据市场、债券市场、外汇市场、黄金市场等构成。

金融机构在日常经营中，由于存、放款的变化，汇兑的收支增减等原因，会在一个营业日终了时出现资金收支不平衡的情况，一些金融机构收大于支，另一些金融机构支大于收，资金不足者要向资金多余者融入资金以平衡收支。这就是同业拆借。

总之，银行间市场的参与者都是银行等金融机构，普通投资者无法直接参与。上文提到的货币基金、本章要介绍的债券基金，都可投资银行间市场。

二、债券基金

(一) 什么是债券基金

债券基金是指80%以上的资产用来投资国债、金融债和企业债等各类债券的基金。

第四章 稳健理财：笑对市场波动

（二）债券基金的优势

1. 具有避险属性

毫无疑问，具有到期还本付息特性的债券是一种避险资产。一般在整个市场波动很大、股市大起大落的时候，投资者就更倾向于买一些风险更低的投资，债基就成了"香饽饽"。当股市涨得太火热，股票指数都估值过高的时候，投资者也可以把股市里的资金获利减仓，转而买入一些债券类投资，规避未来市场泡沫破裂、遇上大跌的风险。

2. 提升资产组合稳定性

债券和股票的相关性比较低。这意味着，投资者可以通过同时投资这两种资产来降低组合的波动，同时获得较高的收益。

而债券基金，更是全球绝大多数主流投资组合里的常客，随便翻一翻各种投资组合，无论是最经典的"46组合"，还是哈利布朗的"永久组合"，乃至达里奥大名鼎鼎的"全天候组合"，债基都在其中扮演了重要角色。

债基的加入，可以有效提升组合的稳定性，让人买得更安心。

3. 分散式投资

债基，是基金经理通过筛选，购买各种债券做成的一个组合。

一看就懂的理财课

随便点开一个债基，如图4-5所示，前五大债券持仓只占比重21%，说明投资相当分散。

持仓分析			2020-06-30
十大股票持仓（比重0.00%）	五大债券持仓（比重21.16%）		
代码	债券名称	市值(百万)	占净资产(%)
012001565	20铁塔股份SCP005	99.55	5.85
102000981	20拉萨城投MTN001	98.73	5.81
190307	19进出07	60.13	3.54
101900087	19阳煤MTN001	50.76	2.99
101901140	19鲁广电MTN001	50.66	2.98

图4-5 某债基持仓截图

如果投资者在买入债基时再选择多只债基，再进行一次分散，风险将再次被稀释。这就是分散式投资，可以确保本金不会因为一次"踩雷"而受到重大打击。这种分散式投资的理念，是科学投资的重要原则，也是投资者选择基金的重要原因。

(三) 债券基金的种类

债券基金分为纯债基金和混合债券基金，还有一种指数债券型基金，但由于其收益太低，很少见，也很少有普通投资者参考。

纯债基金是仅投资于固定收益类金融工具，不能投资于股票市场的基金，也叫**标准债券型基金**。它的波动较小，走势相对稳健，但收益也比较低。一般以期限1年为

第四章 稳健理财：笑对市场波动

界限，纯债基金又分为短期纯债基和中长期纯债基。其中，短期纯债基金收益不如中长期纯债基金，而申赎又没有货币型基金方便，故也不太适合普通投资者。

而最常见的债基种类其实是**混合债券型基金**，占债券基金总量的90%以上。其中，不高于20%的资产可参与一级市场新股申购、增发等的称为**一级债基**；既可参与一级市场又可在二级市场买卖股票的称为**二级债基**。

随着金融行业产品的不断完善，一级债基参与打新股的行为在2012年7月被中国证券业协会叫停。此后，一级债基整体风险收益特征与中长期纯债接近，区别在于一级债基仍可配置少量可转债，而中长期纯债只能配置债券。

二级债基资产则有不高于20%的比例可以继续参与一级市场新股申购，也可以参与二级市场和权证等投资。与纯债基相比，二级债基的波动性更大，意味着风险更大，与此同时也会获得更高的收益。

（四）何时投资债券型基金

债券的价格主要取决于**市场利率**，所以影响债券价格的因素也就是影响市场利率的因素，可以概括为4个方面：经济基本面、资金面、政策面、技术面。以上4个因素中，比较重要的是前3个，前3个中又属**经济基本面**最为关键。

举个例子，当经济下行时，央行会采取宽松的货币政策，也就是增加货币供给，这样一来，市面上的资金变得相对充裕，利率下降，投资者更愿意把钱放到收益高的产品上，债券优势凸显，价格水涨船高，债券的牛市到来。

还有另外一种情况，当经济下行，央行的货币政策不变，受大环境的影响，企业不景气，整个社会对融资的需求下降，此时市场利率也会下降。票面利率固定的债券会更受欢迎，债券牛市开启。

因此，投资者需要在市场利率高时买入债券，处于高位的市场利率才会大概率下降，从而推动债券价格升高。

那么如何判断利率是处于高位还是低位呢？通常情况下以10年期国债收益率为参考标准：

- 当10年期国债收益率>3.5%，此时适合投资长期纯债基金，要做好投资1~3年的准备。
- 10年期国债收益率在3%~3.5%时，之前买入的长债基金可以继续持有。
- 10年期国债收益率<3%时，之前买入的长债基金可以卖出，换成货币基金或者银行理财产品。
- 10年期国债收益率可在英为财情网（investing.com）等网站进行查询，如图4-6所示。

（五）如何挑选债券基金

债券基金虽然风险较低，但并不意味着没有风险。

一只优秀债券基金的筛选通常需要关注5个指标：成立时间、基金规模、基金评级、基金费率、基金经理更换

第四章 稳健理财：笑对市场波动

图 4-6 英为财情网首页查询"中国 10 年期国债"路径截图

频率。

挑选债券基金的实操过程以国际上权威的基金评级机构之一晨星网（https://www.morningstar.cn/）为例，如图 4-7 所示。

第一步，如图 4-8 所示，打开晨星网，在顶部的导航栏选择"基金工具"，单击"基金筛选器"，点击"更多筛选条件"。

如图 4-9 所示，按照本节内容，基金分类选择"纯债基金"，对新手来说，纯债基金的波动更小，收益更稳健。基金组别选择"开放式"，目的是方便购买。

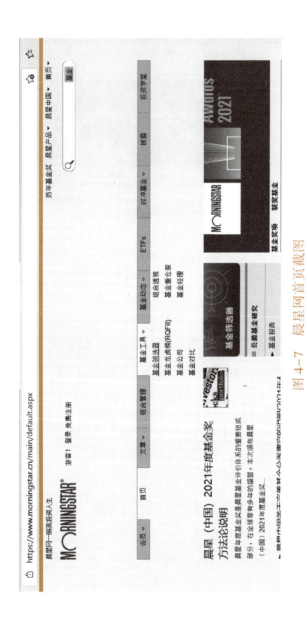

图 4-7 晨星网首页截图

第四章 稳健理财：笑对市场波动

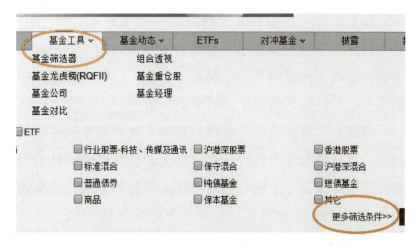

图 4-8 晨星网"基金筛选器"截图

图 4-9 晨星网更多筛选条件截图（这几个标准可以自行调整）

第二步，看成立时间。基金的成立时间一般在 3~5 年比较好。新成立的基金由于缺乏历史业绩参考，所以不能判断基金经理的管理水平；成立较久的基金一般经历了市场的磨炼，对风险的把控能力更强，如图 4-9 所示。

一看就懂的理财课

　　第三步，看规模。基金的规模不要太大也不要太小，适中最好。基金规模太小，有强制清盘的风险；基金规模太大，在购买产品时又不够灵活。因此，一般选择资产净值在 5 亿~50 亿元的基金，如图 4-9 所示。

　　第四步，看评级。这个很好理解，就如同星级越高的酒店，其服务和安全性也越高，基金的选取也是同样的思路。基金评级是专业的机构对市场上基金的评价，基金的表现越好评级也就越高。本着"专业的事情交给专业的人"这一原则，基金的评级选择"3 星以上"即可，如图 4-9 所示。

　　第五步，看收益。可以选择"三年（年化）"高于同类基金平均收益，如图 4-9 所示。

　　第六步，看费率。债券基金属于稳健产品，收益并非特别的高，所以在选取债券基金的时候，费率当然是越低越好。债券基金的费率包括两个部分：一部分是手续费，包括认购费、申购费和赎回费；另外一部分是运作费，包括管理费、托管费和销售服务费。通常情况下，建议投资者持有中长期纯债基金的时间在 3 年以上，本着**"长期选 A，短期选 C"**的原则，选取 A 端收费的基金，可以免除赎回费。

　　Tips 同一只基金还分 A 类和 C 类？了解基金的字母小尾巴

　　投资者在搜索一只基金时，有时会发现基金名称后还

第四章 稳健理财：笑对市场波动

有字母后缀，那其实就是同一只基金的不同份额类别，如前文在货币基金章节提到的B类货币基金，其实也是这种分类。而对于投资者来说，其中的区别主要体现在收费模式上。

需要注意的是，收费方式的分类并不是固定的，加上销售平台也会有打折等，买基金前需要查看基金交易规则来确定具体收费情况。

1. 债券型基金的A类、B类、C类

债券型基金大多都有这种字母后缀。首先要理解，债券基金的收费，除了所有基金都收取的管理费和托管费，还有申购费和销售服务费。

一般情况下，债券型基金如果分A、B、C类，那么A类前端（申购时）收取申购费；B类后端（赎回时）收取申购费，大多持有时间越长费率越低；C类则不收取申购费，按日计提销售服务费，而A、B类没有销售服务费。

所以，在投资债券基金时，多数情况下，**短期选C类，中期选A类，长期选B类**。

如果债券型基金只分A、B两类，那么一般来说，A类收取申购费，B类收取销售服务费，就相当于上面的C类；如果债券型基金只分A、C两类，那么就是没有区分申购费是前端收取还是后端收取。

2. 混合型基金、股票型基金、指数型基金的 A 类和 C 类

不同于债券基金，股票型基金和混合型基金很少有字母后缀。而 A、B、C 类的分类更少见，如有可以参考上文的债券型基金。

指数基金大多也只分 A 类和 C 类。一般情况下，A 类份额收取认购费或申购费，不收取销售服务费；C 类则相反。另外，在赎回时，两种类型的基金份额都收取赎回费，同样是持有越久收费越低。C 类的免赎时间要求往往短于 A 类。

因此，大部分情况下，短期投资买 C 类，长期持有买 A 类。

3. 货币基金的 A 类和 B 类

就像第三章第三节最后提到的，货币基金也有 A 类份额和 B 类份额之分（极少数基金公司会分 A、C 类，则 C 类等于 B 类）。一般来说，A 类申购起点比较低，销售服务费较高；B 类销售服务费较低，申购起点则较高，但在竞争下，也有一些基金公司把 B 类份额的申购门槛降到了和 A 类差不多的水平。

除了 A、B、C 类，有些基金还分 D、E、F 类份额，非常少见，普通投资者无须费心了解。

第七步，看基金经理更换频率，也就是考察基金经理任职的连续性。基金经理的操作思路和投资策略的一贯性对产品风格和业绩具有一定的影响，因此，在选择基金经理的时候需要剔除过去3年中曾更换过基金经理的基金。

第八步，关注基金管理人过往是否有踩"雷"的经历。如果踩"雷"比较多最好避而远之，极有可能是这家基金公司的信评团队的风控不过关。

选出来的基金，还可以再通过一些指标进一步优化，比如基金的"标准差"与"夏普比率"等，想要了解可以在第五章"主动型偏股基金"一节查阅。债券基金暂时不用了解，因为市场上有更好的选择。

三、债基组合

对于普通投资者来说，根据上面烦琐的标准挑选出一只令人满意的债券基金，并不是一件容易的事。即使最后挑选出来了，可能心里还是没底。那有没有适合普通投资者、简单又安心的债券基金投资方式？当然有。

普通投资者买基金进行间接投资的初衷就是相信并尊重专业的力量，以及分散风险。而市场上有这样一种投资债券基金的方式非常适合普通人：由专业人士筛选出几个优质债基，打包做一个组合，取长补短，获得更好的效果——债券基金组合。

一看就懂的理财课

这类产品种类很多，收益率都可以超越银行理财，同时还保持稳定性，典型收益曲线是一条坡度较小的波浪线，稳稳指向右上角，如图 4-10 所示。

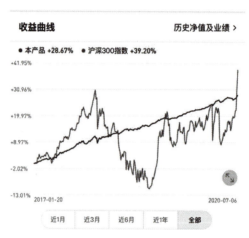

图 4-10 两个债基组合的收益截图

第四章　稳健理财：笑对市场波动

各个主流理财平台都有一些板块在销售相关产品,有些叫基金组合,有些叫稳健组合。其共同点是,点看持仓可以看到大部分资产配置了债券基金。直接买入该类产品,可以实现一键打包买入组合内的各个债基,省时省力,并且收益可观。如支付宝—理财—基金—精选组合(图4-11),由于监管要求,本书无法推荐具体组合名称,投资者可自行查找。

图4-11　支付宝截图

通过回溯20多年来各类资产的整体表现可知,债券资产的收益排在中间位置,低于GDP增长,并不适合长期配置。因此,最适合进行稳健理财的资金是那种1~3年需要用到的。或者是股市温度过高,资金也可以转移到稳健理财进行过渡。这就是债基组合的魅力所在:行稳方能致远。

第五章

用钱生钱：在离股市最近的地方

众所周知，在我国过去的 20 年间，如果一个家庭没有购置房产，一般很难在经济的快速发展中保有财富。

根据中国地产网的数据，20 年前的 2001 年，北京每平方米房价均价不到 5000 元，上海 3500 元左右，广州 4220 元，深圳可能是离香港近、已经有炒房意识的原因，达到 5531 元。

2001 年年底，我国加入了 WTO，经济开始快速增长，人们手里的钱也越来越多。

2000 年，城镇单位就业人员平均工资是 9333 元/年，2019 年是 90 501 元/年，20 年间增长 8 倍多，十分惊人。

那么房价呢？2019 年上半年北京各环线新建商品住宅成交均价如图 5-1 所示。

第五章 用钱生钱：在离股市最近的地方

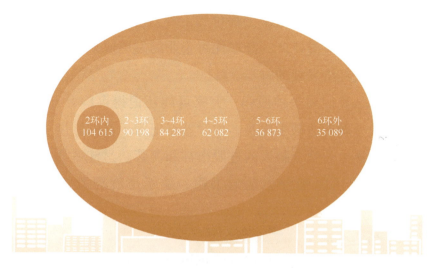

图 5-1 2019 年上半年北京各环线新建商品住宅成交均价

总有人说现在房价高，但考虑到城市规模的扩张，其实 20 年前的"新城区"房价（北京 4 环每平方米房价 5000 元左右）和现在的"新城区"房价（北京 6 环）相比，涨幅是和工资涨幅是差不多的。

然而，如果是 2001 年花了一平方米的房款 5000 元，去买了年化 5% 定期理财的一笔钱，到 2021 年有多少呢？能跟上工资和房价的涨幅吗？

$$5000 \times (1+5\%)^{19} = 12\,635 (元)$$

北京哪里还有每平方米 1 万元出头的房子呢？

发生这种情况非常好理解。因为不管是经济的发展，还是人们的工资，都是和企业的发展挂钩的。而固定收益的投资方式，不仅赶不上房价和工资，连 GDP 都赶不上。只有投资权益类资产，分享优秀企业的发展成果，才能跟得上国民经济发展的脚步。

那么我们要去炒股吗？大家可能还记得第四章开头，我那位金融专业硕士出身，炒股差点把房子首付炒没了的同学。连专业学金融人的进股市都和泥菩萨过江一样，本书作为低风险理财主题的书籍，是不是就和股市无缘了呢？

当然不是。

我的那位同学，虽然是科班出身，也很聪明，但缺乏经验，没有渠道做调研，也没有时间盯盘，揣着一大笔钱，一进场就买，稀里糊涂地就把钱亏了，和普通散户区别也不大。

有时候就是这样，什么道理都懂，还是过不好这一生。因为人性的弱点是很难完全克服的，必须要反复、长期地刻意练习。

股市有风险，那么就挑一个既能分享经济发展红利、离股市很近，又相对安全、不用时刻考验专业知识和人性弱点的方式吧。

第五章　用钱生钱：在离股市最近的地方

第一节　指数基金定投

安全性：★☆
流动性：★★
收益率：★★★★★

巴菲特是指数基金的忠实拥趸。他不止一次向投资者推荐指数基金，甚至在2007年12月19日发起了一个"10年赌约"：2008年1月1日—2017年12月31日的10年间，标普500指数的表现将超过对冲基金的基金组合表现。如果他赢了，50万美元的赌注将捐给一个慈善组织。巴菲特是要用50万美元向美国的职业投资人发起挑战，以证明自己的观点：指数基金可以轻松打败主动基金。

只有一名职业投资人应战，他精心挑出5只FOF基金（投资基金的基金）和巴菲特选出的标普500指数基金开始比赛。

2018年年初，巴菲特在《巴菲特致股东的信》中公布了结果：10年间，这5只FOF基金中表现最好的一只累计收益为87.7%，很不错了，但标普500指数基金更优秀，最终获得了高达 125.8%的收益，巴菲特赢了。

Tips 主动基金 VS 被动基金

偏股类基金的分类见表 5-1。

表 5-1 偏股类基金的分类

类别	主动型偏股基金	指数基金	
		指数增强型基金	被动型指数基金
特点	主动挑选股票、债券等进行资产配置	在跟踪指数的基础上有一些调整	完全复制跟踪指数
涨跌受何影响	基金经理的能力	指数的变化+基金经理的能力	所跟踪指数的变化
购买费率	相对较高	介于二者之间	相对较低

一、什么是指数基金

一般来说，指数反映的是股票市场整体的涨跌。比如，2018 年上证综指全年下跌 24.59%，就可以说 2018 年是熊市。这时，一个投资者或一只基金，即使年收益是负的，但只要亏损的幅度比指数下跌的幅度小，比如亏损 20%，就可以说是跑赢了市场。

指数都是由专业机构通过科学的方法，从股票市场中

第五章　用钱生钱：在离股市最近的地方

选择出指数对应的、具有代表性的股票作为成分股，然后给每个成分股赋权，计算出来的平均值。选出的成分股不同、赋权的方式不同，也就有了各种不同的指数。

指数基金，就是通过购买特定指数全部或部分成分股，来追踪该指数表现的基金。根据不同的维度，指数基金也有不同的分类。

二、指数基金中的场内和场外

根据交易方式的不同，指数基金也分为场内指数基金和场外指数基金。基金场内和场外交易的区别在第三章第三节"货币基金"中已经介绍过。

场内指数基金有一个常见的简称，叫 ETF，即交易型开放式指数基金（Exchange Traded Fund）。ETF 是追踪指数最准确的指数基金。

ETF 的申赎非常麻烦，是用钱配齐成分股之后去换取 ETF 基金的份额，赎回的时候，到手的不是现金，而是股票。因此，ETF 的交易大多发生在场内，也就是投资者和投资者之间的交易，不会影响基金规模，基金不需要准备现金来应对赎回，可以一直保持较高的仓位。

ETF 不适合新手，很多投资者都是在证券账户以外的地方买入场外指数基金的。

一看就懂的理财课

在我国的 ETF 出现（2005 年）前，投资者投资指数都是通过场外普通指数基金。比如博时裕富沪深 300 指数 A（050002），就是通过买入沪深 300 的成分股，跟踪沪深 300 指数的场外普通指数基金，投资策略和基金持仓情况如图 5-2 和图 5-3 所示。

> 投资策略
>
> 本基金为被动式指数基金，原则上采用复制的方法，按照个股在标的指数中的基准权重构建指数化投资组合。即调整其股票（含存托凭证）资产比例为95%以内，现金或者到期日在一年以内的政府债券比例不低于5%。
> 本基金以追求基准指数长期增长的稳定收益为宗旨，采用自上而下的两层次资产配置策略，首先确定基金资产在不同资产类别之间的配置比例，再进一步确定各资产类别中不同证券的配置比例，以复制的方法进行组合构建。
> 本基金为被动式指数基金，原则上采用复制的方法，按照个股在标的指数中的基准权重构建投资组合。
> 本基金股票资产投资以沪深300指数为标的指数，原则上采用复制的方法，首先按照标的指数中的行业权重为基准权重，确定行业配置比例。
> 本基金的股票投资为复制的被动式指数投资，基金所构建的指数化投资组合将根据标的指数成份股及其权重的变动而进行相应调整。
>
> 收起

图 5-2 场外普通指数基金投资策略截图

场外普通指数基金和 ETF 不同的是，为了应对赎回会预留至少 5% 的现金，所以波动的幅度会略小于指数。

第五章　用钱生钱：在离股市最近的地方

图 5-3　场外普通指数基金持仓情况截图

还有另一种场外指数基金，就是 ETF 联接基金。ETF 联接基金和以上两种都不一样，它买入的不是指数成分股，而是 ETF。同样跟踪沪深 300 指数的易方达沪深 300 联接 A（110020），投资策略和基金持仓情况如图 5-4、

图 5-5 所示。

> **投资策略**
>
> 本基金为目标ETF的联接基金。主要通过投资于目标ETF实现对业绩比较基准的紧密跟踪，在正常市场情况下，力争本基金的净值增长率与业绩比较基准之间的年化跟踪误差控制在4%以内。如因标的指数编制规则调整或其他因素导致跟踪误差超过上述范围，基金管理人应采取合理措施避免跟踪误差进一步扩大。
>
> 本基金资产中投资于目标ETF的比例不低于基金非现金基金资产的80%；本基金投资于目标ETF的比例不低于基金资产净值的90%；本基金持有的全部权证，其市值不得超过基金资产净值的3%；每个交易日日终在扣除股指期货合约需缴纳的交易保证金后，现金或者到期日在一年以内的政府债券比例不低于基金资产净值的5%。本基金将根据市场的实际情况，适当调整基金资产的配置比例，以保证对标的指数的有效跟踪。
>
> 本基金在综合考虑合规、风险、效率、成本等因素的基础上，决定采用申赎的方式或证券二级市场交易的方式进行目标ETF的买卖。
>
> 本基金还可适度参与目标ETF基金份额交易和申购、赎回之间的套利，以增强基金收益。
>
> 为更好地实现投资目标，本基金可投资存托凭证。
>
> 收起

图 5-4　ETF 联接基金投资策略截图

可以看到，二者的投资分布有明显不同。场外普通指数基金大部分持仓是股票，而 ETF 联接基金大部分持仓是基金（每只基金具体比例不同），也就是对应的 ETF。

基金公司为什么多此一举，发行了 ETF，还要发行 ETF 联接基金呢？一方面，是因为有些投资者只习惯在场

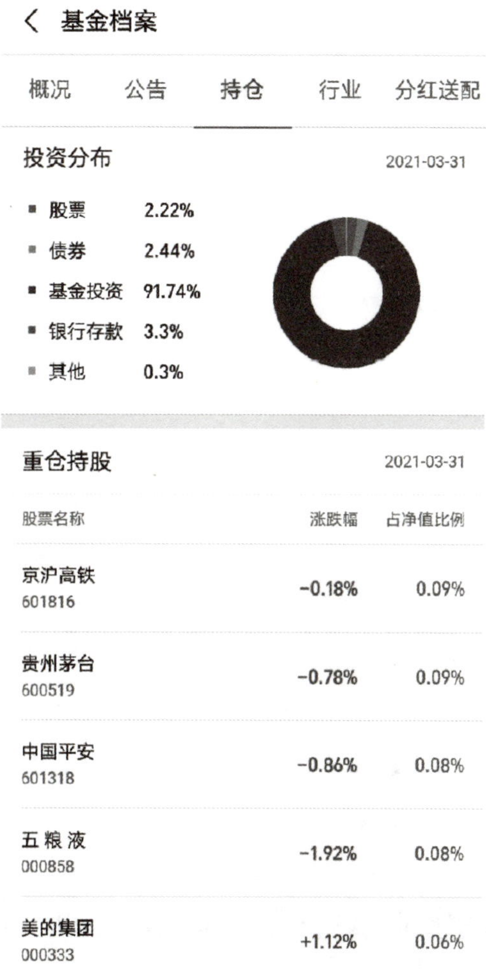

第五章　用钱生钱：在离股市最近的地方

> **基金档案**
>
> 概况　公告　**持仓**　行业　分红送配
>
> **投资分布**　　　　　　　　　　2021-03-31
>
> - 股票　　2.22%
> - 债券　　2.44%
> - 基金投资　91.74%
> - 银行存款　3.3%
> - 其他　　0.3%
>
> **重仓持股**　　　　　　　　　　2021-03-31
>
> | 股票名称 | 涨跌幅 | 占净值比例 |
> |---|---|---|
> | 京沪高铁 601816 | -0.18% | 0.09% |
> | 贵州茅台 600519 | -0.78% | 0.09% |
> | 中国平安 601318 | -0.86% | 0.08% |
> | 五粮液 000858 | -1.92% | 0.08% |
> | 美的集团 000333 | +1.12% | 0.06% |

图 5-5　ETF 联接基金持仓情况截图

外购买，操作比较方便；另一方面，是因为 ETF 的申赎过于复杂，发行一只 ETF 后，基金公司往往通过发行 ETF 联接基金来扩大 ETF 的规模。

三、指数基金中的宽基和窄基

打开中证指数有限公司的官网（http://www.csindex.com.cn），可以看到各种指数分类，如图5-6所示。

图5-6　中证指数官网的指数分类截图

中证指数有限公司是上交所和深交所共同出资设立的，在此之前，深交所就有自己编制指数的机构，其官网是http://www.cnindex.com.cn，对指数的分类如图5-7所示。

图5-7　国证指数官网的指数分类截图

第五章　用钱生钱：在离股市最近的地方

上证系列指数和深证系列指数，分别是反映沪市和深市情况的指数；中证系列指数和国证系列指数则包含上海证券交易所、深圳证券交易所两所的股票。

其中，中证系列能更全面反映 A 股市场的整体概况。这里以中证系列指数为例，介绍根据指数基金投资成分股范围的不同进行的分类。

从图 5-7 中可以看出，指数可以分为规模指数、行业指数、风格指数、主题指数、策略指数等。所谓的宽基一般就是指规模指数基金，即按照上市公司市值规模和流动性划分的基金，包括最适合指数基金入门的沪深 300 指数基金和中证 500 指数基金等；窄基则会选择一些特定的行业/风格/主题/策略的成分股来投资。如果指数名字里带有行业字样（如医药、消费、金融、地产等）就是行业指数，而红利、价值、低波动等则是策略风格的指数。

因此，窄基往往更考验对行业景气度、市场风格的了解，而宽基更适合刚入门的普通投资者，不用花费太多时间和精力。

表 5-2 列出了一些常见的中证规模指数及其成分股范围。

2020 年下半年，A 股上市公司数量已经突破 4000 家，沪深 300 和中证 500 两个指数包含的 800 只股票只占沪深两市不到一半的数量，但总市值却占一大半，这 800 家上市公司以外的公司都算是"超小盘股"了。

一看就懂的理财课

表 5-2 常见的中证规模指数及其成分股范围

沪深 300	由上海和深圳证券市场中市值大、流动性好的 300 只股票组成，综合反映中国 A 股市场上市股票价格的整体表现	中证超级大盘指数	沪深 300 指数样本股中规模最大的 50 只股票
		中证 100 指数	沪深 300 指数成分股中规模最大的 100 只股票
		中证 200 指数	沪深 300 指数成分股中剔除中证 100 指数成分股后的 200 只（第 101~300 名）股票
中证 500			由全部 A 股中剔除沪深 300 指数成分股及总市值排名前 300 名的股票后，总市值排名靠前的 500 只股票组成，综合反映中国 A 股市场中一批中小市值公司的股票价格表现
中证 1000			由全部 A 股中剔除沪深 300 和中证 500 指数成分股后，规模偏小且流动性好的 1000 只股票组成（即 A 股市值的 801~1800 名），综合反映中国 A 股市场中一批小市值公司的股票价格表现
中证流通指数			综合反映沪深两市全流通 A 股的跨市场指数。该指数的样本由已经实施股权分置改革、股改前已经全流通以及新上市全流通的沪深两市 A 股股票组成，以综合反映我国沪深 A 股市场中全流通股票的股价变动整体情况
中证 A 股指数			由沪深两市全部 A 股组成，并剔除暂停上市的 A 股，指数以自由流通股本加权计算，综合反映 A 股上市股票价格的整体表现，具有较高的市场代表性，可作为投资标的和业绩评价基准

对大多数人入门来说，沪深 300 和中证 500 的投资已经足够。

而又因为公司的市值总是随着股价变动而变化，所

第五章 用钱生钱：在离股市最近的地方

以，这些指数都会定期根据最新的排名和固定的入选标准调整成分股构成。这保证了指数通过"新陈代谢"保持源源不断的生命力。

四、增强型指数基金

增强型指数基金相对于完全复制市场表现的指数基金，会在被动跟踪指数的基础上，加入基金经理的判断，对投资组合进行适当调整，以求获得优于指数的表现，因此不算是完全的被动基金。如图5-8所示，某沪深300

图5-8 某沪深300增强型指数基金的收益情况截图

注：资料来源于蚂蚁基金。

一看就懂的理财课

增强型指数基金的收益曲线和沪深 300 指数并不完全重合。

增强型指数基金通常以被动投资为主,以主动投资为辅,一般会把大部分资金用于复制指数表现,小部分由基金经理采用积极投资的手段,获得超额收益,或者减少损失。从过往数据来说,增强型指数基金通常能达到这个目标,见表 5-3。

表 5-3　全市场沪深 300 增强型指数基金平均涨跌与沪深 300 指数涨跌对比

时间	沪深 300 指数基金涨跌幅	全市场沪深 300 增强型指数基金平均涨跌幅
2020 年	27.21%	39.86%
2019 年	36.07%	35.75%
2018 年	−25.31%	−18.75%
2017 年	21.78%	21.79%
2016 年	−11.28%	−3.69%

注：数据来源于 Wind。

五、指数基金的优势

(一) 简单透明

指数基金采用部分或全部复制、跟踪指数的投资方式,持仓公开透明,与指数一致,因此业绩透明度较高,

第五章 用钱生钱：在离股市最近的地方

投资者根据目标指数的涨跌就可以大致判断自己投资的指数基金涨跌情况。

（二）简单易学

指数基金高度透明自律的规则使投资者较容易把握其特点，尤其是对于权益投资的初学者而言，是很好的入门投资产品。光听名字，就能知道这只基金投资什么行业或者投资了哪个市场的多少只股票。

（三）充分分散

指数基金可分散投资风险，这个很好理解。

俗语说"不要把鸡蛋放在同一个篮子里"，而投资指数基金正是把资金分散到指数中不同的行业、不同的成分股里，有效规避了个股风险。比如，买了沪深300，就相当于一下买了300只股票，而中证500则是一次买入500只，非常分散。对大多数散户来说，自己买股票是不可能做到这种分散程度的。

同时，很多散户也经常面临"指数涨我不涨"的境遇，这时的收益就是"被平均了"。而指数基金可以让投资者轻松跟上市场平均收益。

无论是投资收益的充分分散，还是风险的充分分散，都是指数基金的独特优势。

（四）捕"牛"神器

由于指数基金投资采用纪律化的方式，能够帮助投资者克服情绪的影响，仓位都维持在90%以上，在牛市中的收益表现优异，可以快速抓住行情，是捕"牛"神器。

尤其是在A股市场"牛短"的情况下，很多主动基金经理往往反应不及，仓位跟不上去，但指数基金投资依靠高仓位的纪律化投资方式可以快速跟上市场行情。

（五）费率低廉

按照国内现在的情况，主动基金的平均费率大概是1.75%（管理费1.5%+托管费0.25%），但指数基金的平均费率仅0.77%（管理费0.64%+托管费0.13%）。可别小看这1%，以100万元的本金计算，每年能为投资者节省1万元。

除了管理费和托管费，国内指数基金的申赎费也显著低于其他类型的基金，非常适合具有择时能力的投资者进行波段操作。

而没有择时能力的投资者，则可以通过定投来解决择时问题。

六、定投——指数基金的"绝配"

如果说指数基金解决的是普通投资者的选股问题，那么定投解决的就是择时问题。

很多投资者只重视选股，而忽视择时问题，即使是最

第五章 用钱生钱：在离股市最近的地方

好的股票也有下跌的时候。投资指数基金也是一样的道理，如图5-9所示。

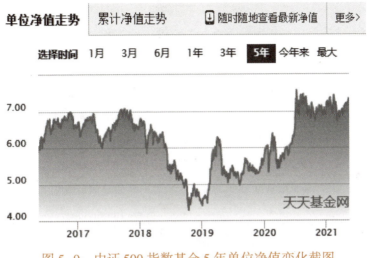

图5-9 中证500指数基金5年单位净值变化截图

注：资料来源于天天基金网。

如果投资者在2017年高点一次性买入中证500，那么也要到2020年下半年才能回本。而如果是定投，则会在市场低点摊低成本，更早回本。定投不仅降低了择时难度，分散了风险，而且方法很简单：定期、定额地买入指数基金即可。

指数基金和定投，一个解决选股，一个解决择时，联合起来就形成了非常适合普通人的投资方式，见表5-4。

对于没有储蓄习惯的人来说，定投最大的作用就是帮助其养成储蓄习惯。当你发现攒下的钱不仅仅在账户躺着,还能给你带来额外的收入,就会形成一个正向的反馈,攒钱会变得十分有意思。

表 5-4 定投和普通投资者的适配性

定投	普通投资者
定期投资	每个月发工资
不需要太多专业知识	很少掌握专业知识
不需要短期择时	不会短期择时
不需要盯盘	理财时间精力有限
强制储蓄	消费很难控制
需长期坚持	往往频繁操作

七、指数定投的 5 个步骤

第一步,挑选合适的定投品种。

什么样的品种适合定投呢?高成长性、高弹性的指数基金更适合定投。几个主流宽基指数和看好的行业指数,都是不错的定投标的。实在不知道选什么好,小白首选的沪深 300 或中证 500。

第二步,确定定投的周期。

可以选择周定投、双周定投或者月定投。长期看,周期对收益的影响不是特别大,定投最关键的还是要坚持,所以在这个问题上不用过于纠结,只需要根据自己的资金

第五章 用钱生钱：在离股市最近的地方

流情况简单判断即可。

不管是周定投还是月定投，能坚持下来就是好定投。

第三步，确定定投的金额。

如果定投的目标是希望若干年后可以拿出一定金额的钱，那就可以根据自己的目标反推自己每次需要投入多少钱即可。

如果只是单纯利用部分闲钱来投资，那一定要计算清楚自己的闲钱是多少。因为定投是需要长期坚持的，所以一定要先满足自己的生活需求并留下部分钱以备不时之需，剩下的钱才能用来投资。

可以用以下这个公式估算每个月合适的投资金额

定投金额=（月收入−月支出）/2

也就是每个月剩余闲钱的一半拿来做定投。再次强调，定投的钱一定不能影响生活，否则一旦出现变故，生活和投资两边都耽误了。

第四步，耐心定投。

定投基金操作有一个五字真言：止盈不止损。不但不止损，还要越跌越买，如图5-10所示。

假设小A和小B从2017年5月1日起每月定投沪深300指数基金1000元。经过一段时间的上涨后，2018年股市转头下跌，不久小B由于受不了每天的亏损暂停定投。2018年5月到2020年5月间，股市涨涨跌跌，直到2020

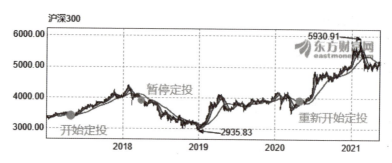

图 5-10　沪深 300 指数在 2017—2021 年的波动截图

注：资料来源于东方财富网。

年 5 月才差不多回到小 B 暂停定投的位置开始上涨。小 B 对市场的信心恢复了，重新开始定投。

和小 B 不一样的是，小 A 则一直坚持定投。

如果二人都在 2021 年 5 月 3 日赎回，通过某只沪深 300ETF 联接基金的收益回测：

小 A 一共坚持了 48 期定投，投入本金 48 000 元，期末总资产 63 993 元，收益率约 33.3%。

小 B 定投 12 期后，在市场低位暂停了 2 年，才又开始定投，又定投了 12 期，共投入本金 24 000 元，期末总资产 28 993 元，收益率约 20.8%。

越跌越买、坚持定投的同时，还可进一步选择定期不定额投资。现在很多理财平台都推出了"智能定投"的功能，本质上就是在便宜的时候加大定投金额，多多购入筹码，市场高位时则减少定投甚至停止定投，具体规则如图 5-11 所示。

第五章　用钱生钱：在离股市最近的地方

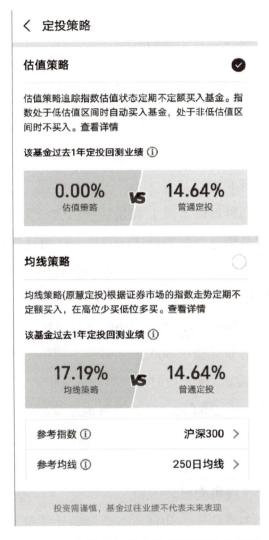

图 5-11　支付宝智能定投的两个策略截图

均线策略主要参考的就是沪深 300、中证 500 等规模指数在最近若干天收盘价的平均值曲线，高位就少买一些，低位就多买一些。均线策略更适合宽基指数或者与参考指数关联度比较高的指数基金。

而估值策略则是用这个指数包含的所有成分股的总市值除以这些成分股近1年归属母公司的净利润，计算出该指数的市盈率（PE），再与历史市盈率进行对比，划分出高估、正常、低估3个区间，只有低估时扣款。估值策略更适合一些行业指数基金。

不过这两种策略本质上都是基于过去，无法完全代表未来，如容易错过消费等总体一直在上涨的行业。

此外，还有一种不定额的定投方式叫价值平均策略，每期账户都增加固定金额。比如，小明决定自己的定投计划总额每期要增加2000元。第一期小明定投2000元，第二期定投时，账户里如果赚了500元，那么小明第二期只需定投1500元；如果第二期定投时账户里亏了500元，那么小明第二期就需要定投2500元。这种策略也是变相地涨得多买得少、跌得多买得多，遇到某些连续下跌的时期，需要长时间承受越来越大的损失，适合风险偏好比较高的用户。

第五步，择机卖出。

股民大多都知道一句话："会买的是徒弟，会卖的是师傅。"定投也是这样，什么时候买其实没那么重要，什么时候卖才决定了你收益的多少。"行百里者半九十"，卖得不好，轻则几年工夫全白费，收益"坐了过山车"；重

第五章 用钱生钱：在离股市最近的地方

则前功尽弃，一溃千里。

如果小明从2010年开始一直定投中证500，在2015年牛市收益一度达到了150%。结果因为没及时卖出，接下来的慢慢唱熊，虽然还在坚持定投，但依然会出现收益率为负的情况，收益回测结果如图5-12所示。

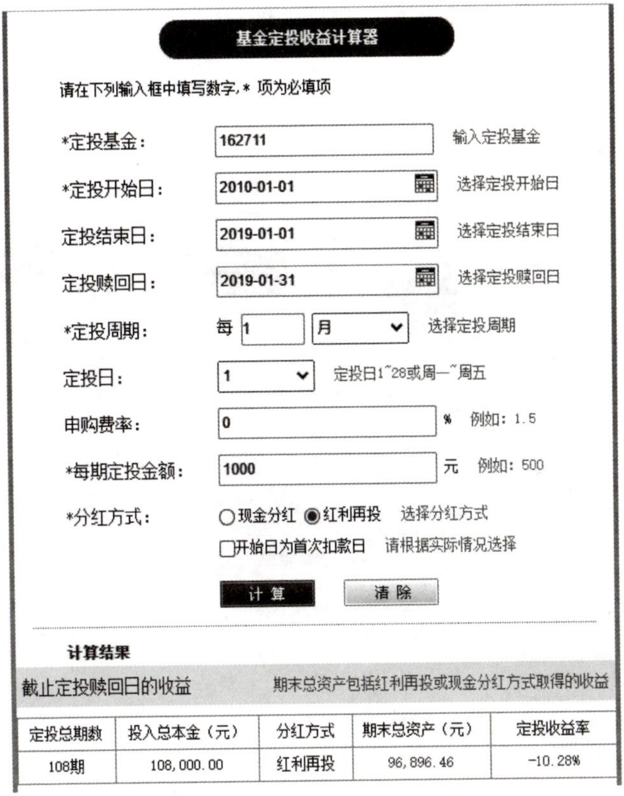

图 5-12 某中证500ETF联接基金的收益回测截图

注：资料来源于天天基金网定投收益计算器。

一看就懂的理财课

对于普通投资者来说，判断市场顶部并不是一件容易的事，具体的科学止盈方法将在本章第三节中详细介绍。

综上，在市场波动中坚持定投，然后在市场高位时止盈，才是定投赚钱的王道。定投没赚钱，一般都是如图5-13所示的几个原因。

图5-13 定投中不赚钱的原因

第二节 主动型偏股基金

安全性：★
流动性：★★
收益率：★★★★★

第五章　用钱生钱：在离股市最近的地方

上了热搜的网红基金经理，没有一位是管理指数基金的。因为指数基金的收益相对来说和基金经理关系不大，投资者买 A 公司 B 经理的沪深 300 指数基金，和买 C 公司 D 经理的沪深 300 指数基金的收益不会差太多，主要还是看市场的"脸色"。

主动基金就不一样了。基金经理的投资水平和投资理念可以直接左右基金的收益。

本书提到的主动基金是指主动股票类基金，既包括股票基金（投资股票占比≥80%），也包括混合偏股类基金（投资股票占比≥60%）。

一、有了指数基金定投，投资者还需要主动基金吗

基金业界关于主动基金好还是被动基金好这个话题的争论，有点类似于豆腐脑到底应该是甜的还是咸的。北方人完全无法理解豆腐脑竟然可以是甜的，南方人同样也视咸豆腐脑为异端。

其实，和豆腐脑一样，主动基金和被动基金没有绝对的对错好坏之分。适合你的，才是最好的。主动基金更适合对基金经理有深入了解、对投资更有节奏感的老手。而被动基金简简单单，适合新手和大部分普通人。而且，投

一看就懂的理财课

资时，把大额的闲钱投到主动基金，然后每个月工资的剩余部分做指数定投，也都是完全可行的。投资的世界不是非黑即白，每个人都需要寻找适合自己的投资模式。

更重要的是，如果把语境限定在我国，那么优秀的主动基金相对指数基金来说，确实是有一部分超额收益的。我国的主动基金相对指数的胜率还是比较高的，如图5-14所示。

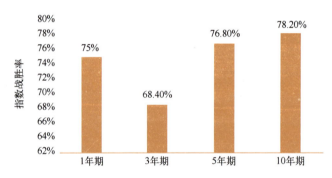

图5-14　我国主动基金相对指数的战胜率

注：数据来源于晨星基金《中国主动/被动晴雨表报告》。

为什么在大洋彼岸的巴菲特那里，美股中主动基金就跑不过指数基金，在我国就可以呢？因为A股市场和美股市场的投资者构成相差太多，如图5-15所示。

和成熟的证券市场不同，当市场中散户（即个人投资者）太多，非理性行为造成的股价波动就会变多，"小白的钱"就会变多。

什么叫"小白的钱"？理解这个概念，首先要记住一

第五章　用钱生钱：在离股市最近的地方

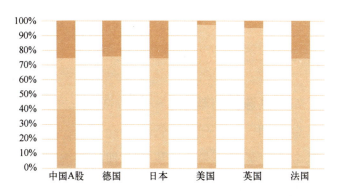

图 5-15　中国与全球主要资本市场机构投资者及
个人投资者市值占比

注：资料来源于海通证券（2018）。

句话：在股市中，有 3 种钱可以赚——企业成长的钱，央行的钱，"小白"的钱。企业成长的钱，就是价值投资所提倡的，低价买入好公司，公司赚钱了，股价会涨，分红也会多。央行的钱就是因为央行通过货币政策进行宏观调控而赚到的钱，当市场上流动的钱比较宽裕的时候，自然会流向股市（或楼市），中国历史上几次大牛市都是因为这个原因，也就是所谓的"水牛"，即放水带来的牛市。"小白"的钱，就是所谓的"韭菜"，追涨杀跌亏掉的钱，自然有人赚到手了。

我们要相信，一个比绝大多数人聪明的专业人士，在经过长期的刻意练习后，可以做到这 3 种钱都不会放过，是完全可以在长期战胜市场、穿越牛熊的。

二、如何选出优秀的基金经理

关于如何挑选主动基金，一句话就能说完："选基金就是选基金经理"。对于主动管理基金而言，基金经理可以算是基金的"灵魂人物"，基金经理的眼光和判断是基金业绩好坏的决定性因素。

比如，大名鼎鼎的前"公募一哥"王亚伟。他从2005年底接手"华夏大盘精选"，到2012年5月4日离职。在他任期内，这只基金回报达12倍，年化收益49.8%，长时间占据基金业绩首位，所以才被称为"公募一哥"。结果2012年王亚伟"奔私"了，创立了千合资本。他走之后，这只"华夏大盘精选"的排名大幅下跌，在同类排名中一下降到49位，2013年排名62位。

所以，选择基金最大的误区就是只看基金的历史业绩，而忽略了背后管理基金的人。本书通过3个方面介绍如何考察一个基金经理是否合格。

（一）历史业绩彪悍

这也是投资者选择主动基金的重要原因。

虽然历史业绩并不一定能预测未来，但是一般来说，历史业绩出色的基金经理，说明其管理能力还是比较强的，这是未来业绩好的必要条件。

第五章 用钱生钱：在离股市最近的地方

既然要优中选优，那至少长期年化 15% 以上才值得投资者考虑，我国市场上是有可以长期做到这个收益的基金经理的。

（二）从业年限足够持久

这说的是基金经理至少要经历过一轮牛熊。

很多基金经理都是纸上谈兵，运气好抓到几个好票就上天了，结果熊市一来才发现，他们跟散户一样也在裸泳。因此，至少经历过一轮牛熊，经受住了市场考验，懂得敬畏市场，才是值得投资者信赖的基金经理。上一轮牛市是 2015 年开始，所以这个基金经理至少要在 2015 年之前就任职。

（三）管理规模足够大

这说的是这个基金经理操盘大资金的能力，至少要 20 亿元起。

这个标准，一方面是要考验基金经理的能力，另一方面是要排除一些可能的"雷"。一个只管理过小资金的基金经理，随着经济规模的扩大，不一定能保持收益，且基金规模太小也有清盘的可能。

（四）基金经理的投资风格

通过上面 3 步筛选，我们就能找出不错的基金经理了。如果感兴趣，还可以去找一下这些选出来的基金经理的发言、采访，看看他们的投资理念和自己是否匹配。比如图 5-16 中的两只基金所示。

一看就懂的理财课

图 5-16　天天基金网截图

这两只基金近 1 年的收益都在 70% 左右，但一个基金经理高点收益高，回撤率也相对大；另一个基金经理则回撤率较小。

如果投资者有自己的投资节奏，能够在前者的高点附近

第五章　用钱生钱：在离股市最近的地方

撤出，那就是在更短的时间内获得了更高的收益；而投资者如果在这只基金涨上去之后再买入，则会面临较大回撤率。

后一只基金，买入节点则显得没那么重要，但是至今也没有取得前者在几个月前达到的收益率。

这两位基金经理分别是2020年的冠军——易方达张坤和2021年一季度的冠军——广发林英睿。两位基金经理都非常优秀，风格也很鲜明。张坤的投资理念，简单来说就是在少数牛的行业里选择最牛的公司，不会为了平衡风险去配置自己不看好的行业，这些观点都在他曾经的采访里表达过；而热门行业往往会被高估，这是林英睿所不能接受的，他曾在采访中表示，要耐得住寂寞，宁愿牺牲涨幅，也不会碰热门行业。

按照上面3步选出基金经理后，如果能花一些精力去了解一下他们各自的投资理念，对提高投资收益非常有好处。这样，投资者就不会在高点买张坤的基金，也能在高点把张坤的基金及时止盈，落袋为安。而买了林英睿基金的投资者，也能和他一起静静等待收获的季节，而不会因为眼红其他基金而中途赎回。

三、同一个基金经理管理的不同基金，如何选择

一个优秀的基金经理，往往管理着不止一只基金。

我国的公募基金正处于飞速发展的阶段,整体规模连年扩大。而基金经理却相对稀缺,优秀的基金经理更难得。所以基金公司在发行新基金时,往往会利用明星基金经理的光环来吸引投资者关注。而明星基金经理在这些基金里,往往要么是挂名,要么是"老带新",采用双基金经理的形式。

如何在一个优秀的基金经理名下找到他亲自管理的核心基金呢?最简单的方法,就是选这个基金经理的代表作,往往也是经纪公司的明星产品。一般来说,历史业绩越好、获奖越多、评级越高、成立时间越长,这只基金在基金经理和基金公司心里就越重要。

四、选择靠谱的基金公司

相对来说,一个大的基金公司就像名校,能进入名校的学生大概率是不会太差的,基金公司也是一样,大型基金公司的基金经理的平均水平一般也会更高。而且,每个基金经理背后都有一个投研团队,大基金公司也可以为基金经理提供更多的投研支持。

表5-5列出的是截至2019年年末我国规模最大的20家基金公司,他们发行的产品,起码"吃相"不会太难看,也不会有一些灰色地带的违规动作。

第五章　用钱生钱：在离股市最近的地方

表 5-5　我国规模最大的 20 家基金公司（截至 2019 年年末）

基金公司名称	2019 年年末（亿元）	2018 年年末（亿元）	2017 年年末（亿元）
易方达基金管理有限公司	3 856.36	2 431.38	2 608.26
博时基金管理有限公司	3 270.38	2 439.88	2 253.82
华夏基金管理有限公司	3 165.96	2 269.05	2 224.98
汇添富基金管理股份有限公司	2 851.41	1 734.05	1 428.00
南方基金管理股份有限公司	2 805.39	1 902.81	1 907.14
广发基金管理有限公司	2 650.69	1 906.88	1 242.61
嘉实基金管理有限公司	2 641.17	1 969.89	2 217.46
中银基金管理有限公司	2 528.50	1 876.01	1 886.92
富国基金管理有限公司	2 363.48	1 254.05	1 303.77
招商基金管理有限公司	2 213.51	1 733.43	1 745.09
工银瑞信基金管理有限公司	1 985.53	1 322.48	1 223.61
兴全基金管理有限公司	1 880.68	1 300.14	838.98
鹏华基金管理有限公司	1 775.97	950.97	974.16
华安基金管理有限公司	1 604.53	1 109.33	1 128.20
国泰基金管理有限公司	1 491.09	991.78	893.59
平安基金管理有限公司	1 454.63	732.36	186.90
农银汇理基金管理有限公司	1 356.40	1 027.09	1 001.78
中欧基金管理有限公司	1 309.60	747.23	683.32
银华基金管理股份有限公司	1 276.58	784.38	619.09
建信基金管理有限责任公司	1 270.11	1 090.04	1 189.78

注：管理规模不包括货币基金、短期理财债券基金。

五、直接"抄作业"

如果看到这里,还是觉得自己挑基金很麻烦,可以参考一些权威机构的评级。比如,基金业奥斯卡"金牛奖",以及国际基金评级机构"晨星"的评级,如图5-17所示,都是不错的投资参考。

图5-17 晨星2021年度基金奖项

第五章 用钱生钱：在离股市最近的地方

需要注意的是，按以上标准挑选出的基金，虽然基本可以说是一只优秀的主动基金，但不一定适合你。比如，有些五星基金总体来看收益率可能很高，但回撤率也可能很大，风险偏好低的投资者可能会因承受不了亏损而在低位卖出。这时，就需要投资者能看懂基金的几个指标。

六、基金的几个指标

首先是风险指标，这里只介绍两个：最大回撤和夏普比率。在天天基金 App 端的基金详情里可以看到，如图 5-18 所示。

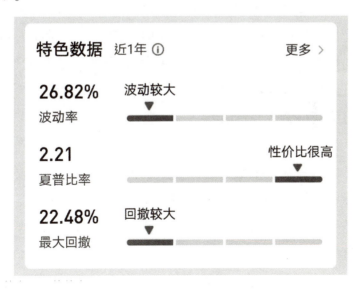

图 5-18　天天基金 App 某基金详情页面截图

一看就懂的理财课

（一）最大回撤

对于大多数股民来说，早就做好了跌停的准备，也就是 1 天 10% 的亏损。然而对于只买过余额宝的人来说，1 天 1% 的亏损可能都难以忍受。

最大回撤就是在某段时间内（如图 5-19 的近 1 年内），基金净值从最高点到最低点的下降幅度，描述的是投资者从这个时间段的某个时间点买入这只基金后一直持有，可能会面临的最坏的情况。最大回撤越大，则表示风险越高。

（二）夏普比率

一只基金的盈利能力越好，投资者对它波动时的风险承受能力往往越强。如果说最大回撤代表一段时间内的最坏的情况，夏普比率则是整体描述基金的收益和风险比，也可以理解成风险性价比，即每承受一个单位的风险，预期可以获得多少超额收益。

计算方法是用投资收益率减去无风险收益率得到的差值，即这只基金带来的超额收益，再用这部分超额收益除以投资回报率的标准差（反映波动情况）。得到的夏普比率的数值越大，说明基金的风险性价比越高，越值得投资。

风险之外，再介绍两个收益指标：**贝塔收益（β 收益）和阿尔法收益（α 收益）**。

第五章　用钱生钱：在离股市最近的地方

金融资产的收益可以分为两部分：和市场一起波动的收益叫作 β 收益，不和市场一起波动的收益叫作 α 收益。

（三）β 收益

β 收益即承担市场风险带来的收益，和基金经理个人的操作无关。

市场风险具体到基金，就是业绩评价基准，如沪深 300 指数。**β 系数**则是基金的波动幅度相对于市场波动幅度的大小，系数大则基金的波动比市场更大。指数基金的 β 系数就很接近 1。

（四）α 收益

为什么要介绍 β 系数呢？因为如果基金本身的波动就比市场大，那么基金收益比市场收益多出的部分中，就有一部分是较大的波动性造成的，不能算是真正的超越市场的收益。

而计算 α 收益时，要在基金收益中减去按照 β 系数计算出来的 β 收益。最终得出的这部分收益，才是基金经理的操作带来的。投资中经常说的"跑赢沪深 300 指数"就是在形容 α 收益。

七、主动基金的买入和持有

选好了投资标的，投资者在买入和持有主动基金时又

一看就懂的理财课

该注意哪些问题呢?

(一) 长期投资

首先,最大的原则就是之前反复提到的:用合适的钱投资合适的标的。

用来买主动基金的钱,一定要是长期不用的,最好3年以上。

2018年基金业协会发布了一份《公募基金20年专题报告》,该报告指出:近19年来,偏股型基金年化收益率为16.18%,投资者持有基金3年赚钱概率接近80%。也就是说,只要投资者选择了对的基金经理,即使短期可能会亏损,长期来看大概率也是赚钱的。

(二) 一次性投资 VS 定投

这两种方式都可以。

把手里的钱一把"梭哈",相当于完全相信基金经理的选股和择时能力,长期来看终究是会赚钱的。而定投呢,相当于被动地规避了择时,定期进行投资,也是可以的。

但无论是"梭哈"还是定投,进场时机都是最重要的。如果投资者非要在大盘5000点、6000点,全市场一片沸腾、股票估值普遍偏高的时候,脑子一热冲进去,那么不管是定投,还是"神仙"基金经理,都会造成一定的亏损。

第五章　用钱生钱：在离股市最近的地方

主动基金比较适合一次性投资，而指数基金更适合定投。因为前者有基金经理负责择时，再用定投去打乱择时，投资逻辑就比较混乱了。而指数基金本来就是被动的，再加上一个被动的定投，相当于全程自动化操作，可以尽量减少人为干扰。

如果你有一笔奖金，应该直接一次性投入你信任的基金经理管理的基金。而每个月的工资，则可以拿出一部分来定投指数基金。

第三节　基金的止损和止盈

迈出了买基金的第一步，新手投资者马上就会面临两个问题：亏了怎么办？赚了怎么卖？

很显然，买入后基金就天天疯涨，不太现实。而买了以后天天跌，从来不赚钱，似乎也不太可能。所以，在涨涨跌跌中科学地止损和止盈，就是投资者必须要面对的现实问题。

一、亏了怎么办

按照基金的分类，分别进行论述。

一看就懂的理财课

(一) 货币基金

本书在"货币基金"一节已经充分回顾了货币基金的亏损史,不记得的可以翻回去复习一下。总之,就是货币基金亏损的概率和金额小到不值得花费精力去在意。

(二) 债券基金

债券基金亏损的原因主要有两个:利率风险和信用风险。

利率风险造成的亏损大多是短期的,耐心持有即可。根据历史经验来看,持有期超过1年,基本都会涨回来。这也是为什么建议债基的投资期限是6~12个月。

当然,如果其他债基天天涨,而自己的债基一直半死不活,那适当地更换债基也是可以的。个人投资者做投资,只需要对自己负责,没有什么所谓标准答案。如果心里觉得不舒服,可以换掉。

而如果是这个亏损是债券违约造成的,那就有问题了。投资者选择债基而不是债券,就是希望基金经理能规避掉这种信用风险。如果真的发生这种情况,说明这个基金经理和基金公司的投研团队在风控上都有问题,就果断地跟这个基金经理说再见吧。

偏债基金不像偏股基金那样能获得高收益,规避风险、耐心持有即可,止盈和止损的节点都不是很重要。

（三）指数基金定投

指数基金比较简单，投资者根据各个指数的估值百分位，只在市场低位和适中位置进行加仓定投，就可以很放心地一直投下去。

如前文所述，指数定投有一个五字真言，叫作：止盈不止损。也就是说，只要投资者按照制定好的策略来定投，就完全没必要止损。并且，一个成熟的投资者，应该是越跌越开心的。因为指数越跌，同样的金额就能收集到越多的筹码份额。当指数稍微涨回一点，定投的投资者就能够实现盈利了。

（四）主动型股票基金

主动基金亏损是很常见的事情，很多新入场的投资者应该都深有体会。

如果投资者是按照前文的方法筛选出来的基金经理，就可以完全相信他们的能力，即使遇到短期亏损也不要紧，因为长期来看大概率是可以盈利的。

通过回测基金数据，假设小王是在2015年牛市的最高点冲进股市，并且满仓。过了3年，A股持续熊市，沪深300跌了大概28%，上证指数就更惨了，跌了40%。但是如果小王当时持有的是一些优质的主动基金，比如按照上文标准挑选的5只基金（此处不作推荐），3年内，5只基金中只有1只亏损，并且亏损幅度比沪深300小得多，如

一看就懂的理财课

图 5-19 所示。

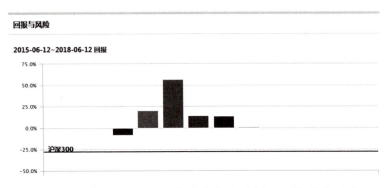

图 5-19　挑选出的 5 只主动基金和沪深 300 指数的对比

所以，应对主动基金亏损的方法就是，把努力前置，把劲头都放在如何挑选基金以及配置组合上而不是瞎折腾换仓上。挑选好基金以后，挑一个相对好的时机买入，然后耐心持有，熬过亏损那段难受的日子，迎来的就会是超额收益。

投资者一定要建立这种信念：基是要靠养的，不是靠炒的，不动比动更难。

买主动基金，往往是越动越亏，见表 5-6。

表 5-6　嘉实增长基金的统计数据

类　　别	客户数（人）	占比
亏损	169 407	31.4%
盈利不足 1 倍	325 925	60.4%
盈利 1 至 2 倍	38 556	7.1%

第五章 用钱生钱：在离股市最近的地方

（续）

类别	客户数（人）	占比
盈利 2 至 3 倍	2 476	0.5%
盈利 3 倍至 12 倍	3 125	0.6%
盈利 12 倍以上	326	0.1%
总计	539 815	100.0%

注：有 53.98 万位持有人投资过嘉实增长基金，盈利在 3 倍以上的投资者仅有 3451 位，占比 0.7%，出现亏损的投资者占比则高达 31%。

可以看到，嘉实增长基金从 2003 年到 2015 年年末，穿越牛熊，年化回报率 23.8%，收益和买房差不多。对于投资者来说，这样的牛基，难道不是买到就是赚到吗？

很遗憾，53 万买过这只基金的人，只有 326 人从头坚持到底，享受了 12 倍盈利。盈利 3 倍以上的只有 0.7%。最夸张的是，16.9 万人居然还亏钱。

买主动基金就和买股票一样，频繁操作就是普通投资者盈利的最大"敌人"。

二、赚了怎么卖

关于基金的止盈问题，货基和债基不再赘述。如果持有人有资金需求，取出来用即可，波动性不会太大。这里主要介绍几种偏股基金的止盈方法，指数定投和主动基金都适用。

一看就懂的理财课

因为股票市场的波动很大,所以偏股基金的止盈很重要,直接关系到收益率。一个坚持长期持有基金的投资者,如果错过了 2015 年 4—6 月的退出机会,甚至一直持有到 2018 年,那可能之前的浮盈都会跌没了,甚至出现亏损,如图 5-20 所示。

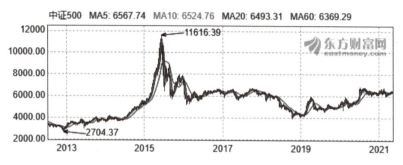

图 5-20　中证 500 指数在 2013—2021 年的波动情况

注:资料来源于东方财富网。

没有人能永远买在最低点、卖在最高点,但可以通过下面的方法尽量接近这个目标,有更大的概率获得更高的收益率。

(一) 市场情绪法

投资大师彼得·林奇提出过著名的鸡尾酒会理论,大意是:当他去参加鸡尾酒会,没有人跟他聊股票的时候,说明市场就见底了;所有人都和他聊股票的时候,就说明市场见顶了。

第五章　用钱生钱：在离股市最近的地方

当你身边所有的亲朋好友甚至路边卖菜大妈都在聊股票的时候，你就该知道，市场太疯狂了。在这个时候，会有无数对市场一无所知但却想着进来捞一笔的"韭菜"跑步入场。此时，你应该知道，我们该"功成身退"了。

市场情绪法的优点是容易观测，不需要掌握复杂的金融知识，适合新手。但这个方法也有缺点，就是很难量化，过于主观。

连彼得·林奇本人也只把这个标准作为判断市场的参考而已。本书的建议也是，可以把这个方法当成判断是否止盈的一个辅助指标。

(二) 目标收益率法

这个方法也比较简单易行，就是在投资时设定一个目标收益率。比如，小王这一轮定投想收获20%的收益，那当收益达到的时候就可以止盈了。

目标收益率法的核心在于，设定多少收益率合适？这就取决于小王当时做定投的初衷了。如果就是为了获取超越普通理财产品的收益，可以这样计算：假设小王能买到的不错的理财产品收益是5%，通货膨胀率是5%，那小王给自己的最低年化收益就是10%。定投了几年，就计算几年的复利即可，这是下限。上限可以自由发挥想象，但注意，如果小王把收益率设定到他定投的品种在历史上从来没有达到过的高度，就不现实了。

目标收益率法的缺点是不容易确定合适的目标收益率。定低了,可能会错过牛市该赚的钱,后来还可能会忍不住冲进去高位接盘;定高了,还没到止盈又跌下去了。此外,每个人开始投资的时间点不一样,未来的收益也大不相同。

所以,目标收益率法是一个很个性化的指标,需要投资者自己灵活判断。

(三) 估值止盈法

估值止盈法是比较适合指数基金的止盈方法。

判断个股高低很难,但判断指数高低比较容易。指数由于组成足够分散,所以拉长时间看估值,一般都会均值回归。

什么叫指数基金的均值?就是它的内在价值。指数基金净值计算公式如下:

$$指数基金净值 = 市盈率 \times 盈利 + 分红$$

如果投资者选择定投的是中证红利这种蓝筹白马类的指数,那不仅每年对应公司的盈利会有增长,还会有不少分红。这就是指数的"基本盘",即使暂时低估了,投资者也有足够的理由相信它一定能涨回来。

做投资一定要站在高处,有全局的视野。A股最大的局是什么?就是牛短熊长,但牛总会来的。在漫长的熊市中收集筹码,在牛市获利退出,才能吃到最肥美

第五章 用钱生钱：在离股市最近的地方

的肉。

而估值就是用来判断牛市是不是进行到比较疯的程度的方法。用中证红利举例，如图 5-21 所示。

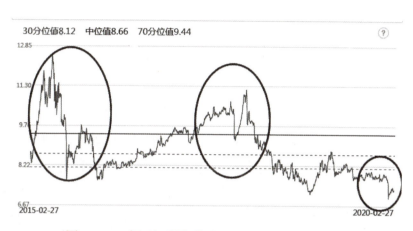

图 5-21 中证红利指数在不同市场阶段的表现

根据历史百分位，投资者可以看到这个指数在牛市的时候曾经到达的高度。当这个指数的百分位到达图中粗线以上的位置，持有该指数基金的投资者就可以考虑卖出了。如果担心牛市一飞冲天，后面还会有大涨，那么投资者可以选择分批卖出，比如按照 50%、30%、20% 这样的节奏。这样不会一下全踏空，对投资心态很友好，是非常适合普通投资者的止盈方式。

有关指数估值，普通投资者完全没必要自己计算，市面上已经有非常成熟且专业的估值服务供你选择：

• 蛋卷基金服务号-选基工具-估值中心（微信公

众号)。
- 且慢指数估值（微信小程序）。
- 理杏仁网站，https://www.lixinger.com。

(四) 回落止盈法

主动基金没有估值，止盈可以采用回落法止盈。

比如，某只基金过去给小王赚了 700 元，那小王可以等累计收益回落到 500 元的时候再赎回。当然，这个数字也是根据不同投资者的风险承受能力来调整的。一般能保证止盈时还有最高收益的 70%~80% 都可以，高一点或低一点，全看投资者心态。

多少不是最重要的，制定了纪律就严格执行才是关键。

第四节　股债动态平衡

格雷厄姆在《聪明的投资者》一书中，给出了一个简单有效的资产配置公式：半股半债。

这就是股债平衡策略。按这个原则，建仓时应配置 50% 股票类资产和 50% 债券类资产。持有一段时间后，两边市场有涨有跌，资产不再是原来的比例，就可以启动"再平衡",将两者比例恢复至"股五债五"的目标仓位。

当然,每个人的风险偏好不一样,实践中不一定严格限定"股五债五"的比例,"股三债七"或"股四债六"也能达到类似稳健运作的效果。比如前文提到的 80 法则,用 80 减去你的年龄,就是建议投资于股票类资产的比例。因为年龄越小,风险承受能力往往越高。单身时一人吃饱全家不饿,但结婚生子后,可能就面临着上有老下有小的情况,不容许投资者承担过高的风险。

而定期做股债再平衡,就是股债的动态平衡。

一、这样做的好处

其一,股债平衡要求投资者时刻保持一定比例的股票和债券资产的仓位,大大降低了因为判断失误而造成的踏空。

其二,股债具有天然的弱相关性,同时持有可以降低投资组合的整体波动。

而历史也证明了股债平衡的这两个优势。

美国最大的投资者私人退休金计划,个人养老金和社会救济金采用的就是 6/4 的股债平衡策略。而 A 股的震荡行情更多,股债的动态平衡策略会更加有效:股市上涨的收益可以及时进入债券类资产，避开下跌的损失；股票类资产缩水，股市处于低位，债券类资产的资金又可以及时补充，在低位买入股票类资产，静候下一次上涨。

二、如何实操

在实操中，普通投资者既可以用前面介绍的方法选出债基和股基构建自己的投资组合，也可以关注一些本身就兼具债性和股性的投资品类，比如可转债（下一节内容）以及一些混合基金。

混合基金是可以投资股票、债券、货币市场的一种灵活型基金，投资者通过选择一款基金品种就能实现投资的多元化，而无须分别购买不同的股票型基金、债券型基金和货币型基金。其中，根据债券和股票占比的不同又可以将混合基金分为多种类型，这里主要介绍相对稳健的类型。

（一）二级债基

混合债券型二级基金，简称"二级债基"，属于主动投资债券型基金，是指主要投资于包括国内依法公开发行、上市的国债、金融债、企业（公司）债（包括可转债）、回购等固定收益类金融工具，适当参与二级市场股

第五章　用钱生钱：在离股市最近的地方

票买卖和一级市场"打新"的开放式基金。严格来说，二级债基属于债券基金的范畴，之所以放在混合基金是因为二级债券既有股又有债。

二级债基中债券占比至少80%，其余不超过20%的部分可以配置股票。因此，二级债基具有较高的收益弹性和抗风险能力。目前市面上二级债基的规模仅次于纯债基金而且有逐年上涨的趋势，至2020年第四季度总规模已达5 008.69亿元，较2010年第一季度增长16倍。由此可见，二级债基正越来越受到投资者的欢迎。

（二）偏债混合基金

偏债混合基金，顾名思义这类基金中既有股票又有债券，而且债券的占比更高。偏债混合基金中债券的占比在60%~80%，股票占比20%~40%。其特点是既有债券的保底性又有股票的成长性，因此在熊市下跌幅度小，在牛市也能通过股票的上涨增厚收益。总体来说，偏债混合基金属于稳健型基金产品，比较适合风险承受能力一般、又想获取稍高收益的选手。

（三）灵活配置型基金

灵活配置型基金属于混合基金的一种，对股票和债券的仓位没有硬性的要求，股票的最高仓位可以控制在95%，最低仓位可以为0，具体的仓位配置取决于基金经

一看就懂的理财课

理对市场趋势的判断。因此,灵活配置不仅需要基金经理有过硬的专业知识,而且需要有适当择时的能力。

实操中,投资者可以在基金合同中看到规定的股债比例范围,也可以多观察基金的持仓,了解各个基金经理的仓位风格。

虽然对基金的种类有了一定的了解,也知道如何筛选出优秀的基金经理,可是市场上基金种类繁多,要想在多如牛毛的基金中筛选出优秀的基金的确不是一件容易的事,不仅耗时耗力,稍有不慎还会有踩"雷"的风险。有没有更好的解决办法呢?当然有,对于普通投资者来说,最省时省力的办法,就是跟着经验丰富的投资者抄作业,也就是说,可以通过投资基金组合的方式选择适合自己的基金。

以天天基金为例,在首页单击"发现"会看到"组合宝"这一选项,点进去之后有不同的分类,投资者可以根据自己的风险偏好程度选取适合自己的投资组合。而支付宝的"理财"-"基金"-"精选组合"中也有基金公司推出的组合产品。

很多组合都会根据市场位置定期调整股债比例,自动帮投资者做到股债动态平衡。某基金组合的调仓记录如图5-22所示。

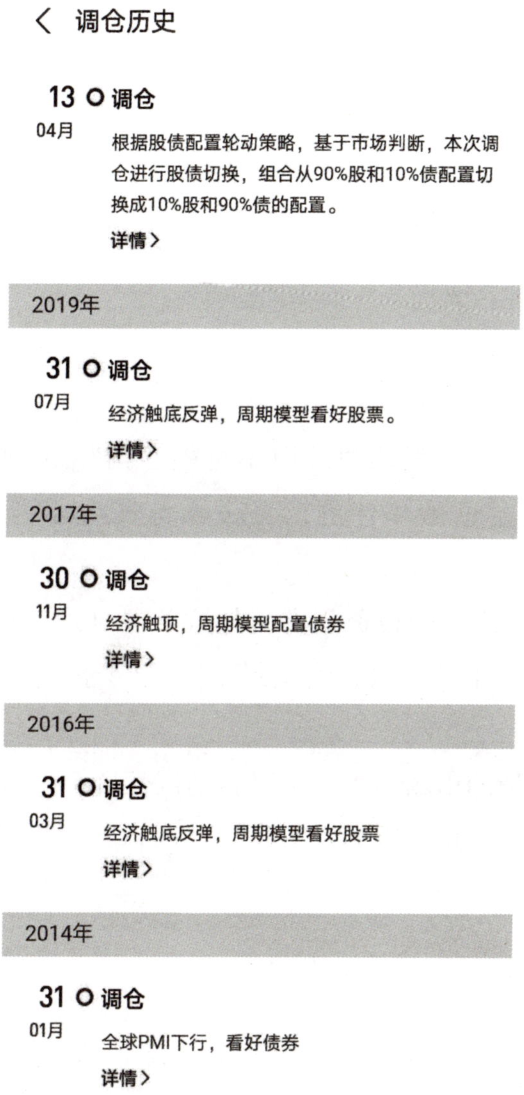

第五章　用钱生钱：在离股市最近的地方

< 调仓历史

13 ○ 调仓
04月

根据股债配置轮动策略，基于市场判断，本次调仓进行股债切换，组合从90%股和10%债配置切换成10%股和90%债的配置。

详情 >

2019年

31 ○ 调仓
07月

经济触底反弹，周期模型看好股票。

详情 >

2017年

30 ○ 调仓
11月

经济触顶，周期模型配置债券

详情 >

2016年

31 ○ 调仓
03月

经济触底反弹，周期模型看好股票

详情 >

2014年

31 ○ 调仓
01月

全球PMI下行，看好债券

详情 >

图 5-22　某基金组合的调仓记录

第五节　可　转　债

安全性：★☆

流动性：★★★

收益率：★★★★

本书一直在强调"理财不可能三角"。似乎做投资，风险和收益总是相伴的，要获取高收益必然要承受高风险。

然而，有一个投资品类就是这条"真理"中的BUG，可以说是"下有保底，上不封顶"。这个投资品种就叫作可转债。

可转债的市场不大，难以容纳巨额资金，对普通投资者却是一个不可多得的好东西。

一、什么是可转债

可转债，全称"可转换公司债券"，就是在一定条件下可以转换成对应公司股票的债券。

很多上市公司经常需要通过融资促进公司发展，发行

第五章　用钱生钱：在离股市最近的地方

债券就是一种传统的选择。除了发行债券，一些优质的上市公司还可以选择发行可转债。相当于，投资者通过买入可转债，把钱先借给上市公司。上市公司到时候不想还钱，可以把投资者手里的可转债转换成股票。对上市公司来说，借钱不还本息，当然是好事；对投资者来说，如果正股股价高于转股价格，相当于用低价买到了股票，卖出也能赚钱，可谓双赢。

二、可转债如何做到"下有保底，上不封顶"

可转债首先是上市公司向投资者借钱，所以实际上是一张借条。如果股价涨了，投资者还有把借条换成股票的权利。在这里，投资者需要明确可转债面值、转股价、转股期的概念。

比如，A 公司发行了 B 可转债，面值 100 元（所有可转债面值都是固定 100 元），转股价为 20 元。投资者以 900 元买入一手 B 可转债（10 张，花费 900 元）。在 B 可转债进入转股期后，就可以把一手可转债转换成股票。因为转股价是 20 元，那么面值 100 元的 B 转股，可以转换成 5 股 A 公司正股，一手可转债就可以转成 50 股 A 公司正股。投资者持股后立马卖出，假设当时的 A 公司正股价为

30元，50股就是1500元。投资者最终收益如下

$$1500-900=600(元)$$

所以，可以把可转债理解成

$$可转债=公司债券+股票期权$$

对于投资者来说，如果能在债券面值附近买入可转债：

- 股价如果跌了，投资者可以继续持有债券，等待到期还本付息的保底。
- 股价如果涨了，投资者可以在约定的时间内把债务转换成股票，享受更高的股利分配或资本增值收益。

对于上市公司来说：

- 如果按债券到期付给投资者本息，发行可转债也比发行纯债划算。因为作为投资者获得股票期权属性的代价，可转债的利率一般都远低于债券的利率，一般为2%左右。
- 如果可转债被转股，那么上市公司的融资就几乎没有成本了，相当于增发了股票。

需要注意的是，可转债中有一种名称后面带"EB"的，如图5-23所示。

这种转债叫可交换债，不是上市公司发行的，而是上市公司股东发行的。如果投资者买入了这种转债，再行权转股，那么该公司的股票总股本是不增加的，相当于股东

第五章 用钱生钱：在离股市最近的地方

套现了。

代码	转债名称
127029	中钢转债
120003	19华菱EB^Q

图 5-23 集思录可转债页面截图

三、3 个价格，决定转股是否赚钱

什么决定了投资者是否转股？是转股价格，公式如下

(100÷转股价格)×正股价格

套用上文中 A 公司的例子，投资者在 B 可转债价格 90 元时买入，持有一段时间之后，转债价格和正股价格都上涨了，投资者在考虑是直接卖出还是转股卖出。

(100÷20)×30＝150(元)

也就是说，每张 B 转债可以转换成价值 150 元的 A 公司股票。

那么，当 B 转债的价格低于 150 元时，转股卖出就比直接卖出有利可图。

这个过程中涉及 3 个价格：可转债的价格、可转债对应的正股价格、可转债的转股价格。

1）可转债的价格。一般在可转债面值 100 元左右。可转债的价格在买卖时是实时波动的，由可转债市场上投资者们的交易情况决定。卖的人多了就会下降，买的人多了就会上涨，和股票一个道理。

2）可转债对应的正股价格。就是发行该可转债的上市公司的股价，同样在买卖时实时变动。

3）转股价格。转股价格就是投资者转股后持有股票的成本价，一般是上市公司发行可转债时确定的。发行后，上市公司也有权调整。

四、玩转可转债

理解了上一点，再了解 3 个可转债的重要条款，投资者就可以玩转可转债了。

1）回售条款是可转债投资者的保护机制。即当正股价格过低时，投资者可以按照约定好的回售价格将可转债卖给上市公司。

具体条款举例：在可转债最后 2 个计息年度，如果正股收盘价连续 30 个交易日低于档期转股价的 70%，可转债持有人有权将持有的可转债全部或部分按回售价加上当期利息卖回给上市公司。

通常上市公司会尽量通过下修条款来避免回售压力。

第五章 用钱生钱：在离股市最近的地方

2) 下修即上市公司下调转股价的权利，是保护发行方的条款。

具体条款举例：当公司股票在连续20个交易日中至少有10个交易日的收盘价低于当期可转债的转股价格85%时，公司董事会有权提出转股价格向下修正方案并提交股东大会表决。

上市公司发行可转债，大多数情况下都是不想还钱，而是希望投资者转股。同时，投资者也希望可以转股赚取更多收益。

而当公司正股股价长期低于可转债转股价格太多时，可转债转成股票后，价值还不如持有可转债到期拿到的本息多，那么就没有人想去转股。这时，公司有权下调转股价格。这样，投资者转股的股数就会变多，转股价值随之升高。

以上文案例为利。如果A公司正股价格跌到17元，那么投资者的转股价格是

$$(100÷20)×17=85(元)$$

转股价格已经低于投资者买入一张可转债的成本90元，投资者这时转股每手（10张）将损失50元，等待到期偿还本息，则仅本金部分，每手就可以赚100元。

而如果这时公司把转股价格从原来的20元下修到16元，则转股价格为

$$(100 \div 16) \times 17 = 106.25(元)$$

则成本 90 元的可转债持有人转股一手可以赚 162.5 元，100 元成本的可转债持有人转股一手可以赚 62.5 元。投资者们自然都愿意转股。

3）强赎，即上市公司强制赎回可转债的权利，也是保护发行方的条款。

条款举例：转股期内，股票在连续 30 个交易日中至少有 15 个交易日收盘价不低于当期转股价的 130%时，上市公司有权按照债券的面值和当期应计利息全部赎回或部分赎回未转股的可转债。

下修是正股股价下跌时上市公司避免还钱的手段，强赎则是正股价格远高于转股价格时刺激投资者转股的手段。

当 A 公司的正股价格已经涨到了 28 元，那么转股价格将是

$$(100 \div 20) \times 28 = 140(元)$$

如果这时公司发布强赎公告，告诉投资者公司将在某个日期以债券面值 100 元和当期利息 3%提前赎回可转债。这种情况下，投资者转股，每张可转债将转换为价值 140 元的股票；如果不转股，到日子被强赎，则相当于连本带息也只有 103 元。

因此，在可转债投资中，要格外注意强赎公告。集思

第五章　用钱生钱：在离股市最近的地方

录网站的可转债页面甚至有红色感叹号提示投资者，该可转债将要强赎，如图 5-24 所示。

| 110031 | 航信转债！|

图 5-24　集思录网站的可转债页面截图

五、可转债的投资方法

（一）可转债打新

可转债打新，可以说是最适合普通投资者的投资方式之一。也就是在上市公司发行可转债时，即以面值 100 元参与申购。

可转债的发行门槛比较高，因此破发概率也比较低。

根据 2019 年的数据，如果坚持每支可转债都申购，按照平均中签率，单账户的收益是 4000～5000 元。和 A 股股票打新不同的是，可转债打新不要求投资者有持仓证券市值，唯一的门槛就是——需要有一个股票账户。

不过进入 2020 年，可转债打新的参与人数飙升，已经从 2019 年的几十万人上升到了几百万人，单账户收益是 1000～2000 元。

打新的方法也很简单：

一看就懂的理财课

首先,拥有一个股票账户。然后,在券商 App 里找到新债申购/打新等字眼,如有新债发行就顶格申购。可转债打新是信用申购,不需要配市值,股票账户里没钱也不影响打新,中签后再去缴款即可,如图 5-25 所示。

图 5-25　券商 App 页面(截图)

为什么要顶格申购呢?因为顶格中签的概率高。顶格申购是 1000 手/10 000 张,也不用担心顶格申购中签了缴款付不起 100 万元——因为每个投资者能中 1 手/10 张,也就是 1000 元,就算运气好,中 3000 元算是"欧皇"中的"欧皇"了。

一般打新后的第二天出中签率,第三天(T+2 日)就能知道结果并且缴款了。最晚缴款时间为 T+2 日当天下午 4 点,逾期未缴纳将被视为违约。

一定要注意,若是连续 12 月内违约 3 次,那么在未来 6 个月内,将无法申购新股、新债。建议账户里预留几千

第五章　用钱生钱：在离股市最近的地方

元，可以购买券商的宝宝类产品，中签后自动缴款。

接下来，就是静候可转债上市后卖出了。新债上市日期比较长，一般是2~4周。对新手来说，如果不懂里面的门道，上市首日获利卖出就是最稳妥的方式。

（二）双低策略

除了打新，还有一个适合普通投资者的可转债玩法——"摊大饼"。

所谓"摊大饼"，就是按照一定的标准挑选很多只（5~20只）可转债，然后把资金像"摊大饼"一样分摊到各个可转债上，雨露均沾。

当然摊大饼也分很多种，比较推荐新手的是"双低摊大饼"。所谓"双低"，就是可转债的价格和溢价率都很低。直接在集思录的网站上就可以查看，如图5-26所示。

现股价	转股价值	溢价率	钱规价格	评级	期权价值	流动性	回售触发价	强赎触发价	转债占比	基金持仓	到期时间	剩余年限	剩余规模(亿元)	成交额(万元)	换手率	到期税前收益	回售收益	双低	操作
5.89	211.04	-15.42%	会员	AA+	增强	会员	4.12	7.66	6.1%	会员	27-03-18	5.827	9.600	608617.32	345.05%	-7.01%	增强	163.08	
4.47	150.11	-5.40%	会员	AAA	增强	会员	3.13	5.81	6.0%	会员	24-11-25	3.518	20.000	3816.39	1.35%	-6.13%	增强	136.60	
4.92	136.38	-3.95%	会员	AAA	增强	会员	3.44	6.40	4.5%	会员	25-01-09	3.641	15.000	1932.29	0.98%	-3.80%	增强	127.05	

图5-26　集思录可转债页面截图

首先，在集思录上找到可转债栏目，单击双低，就可以把可转债按照"双低"原则从低到高排列了。

其次，剔除到期时间不到1年的以及发过强赎公告的，剩下的就是"双低摊大饼"的优质材料了。从低到高，把前几名买一遍。为了方便计算，建议等权买，也就是买同样的数量，而不是同样的金额。

然后就是定期轮动。轮动期限可以是一周或者一个月。具体怎么轮动呢？就是设定一个阈值，比如 5。如果有新的转债的双低值比持仓中的可转债低 5 以上，就可以轮动，卖出手里贵的，买入便宜的。

按照"双低"的策略进行数据回测，不管是短期还是长期，收益率都跑赢了沪深 300 指数，如图 5-27 所示。

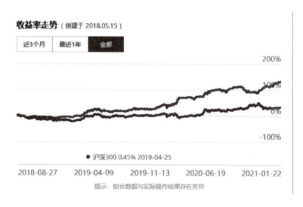

图 5-27　某可转债双低策略的收益率截图

这个策略赚钱的原理在于两点：

第一，几乎所有转债，最终的结局都是以强赎的方式结束了历史使命。也就是说，不管是涨到 130%，还是下修转股价，如果以双低的标准买入，价格一般都接近 100 元，可转债几乎是注定要赚钱的。

第二，具体哪个转债会上涨、什么时候上涨是无法预

第五章 用钱生钱：在离股市最近的地方

知的，所以用"摊大饼"这种筛选分散、不做预测、小步调仓的方式，能够比较稳定地吃到这块利润。

（三）折价套利

在学习转股价格的时候，聪明的投资者可能已经想到了，如果计算出转股价格高于可转债价格，那么可不可以买入可转债，马上转股再卖出呢？这就又涉及一个概念——溢价率。

当溢价率为负数时，就是出现了折价，也就是可转债价格低于转股价值。但由于股票交易是 T+1 的，也就是说，虽然可转债可以买入后马上转股（须在转股期内），但转股后要第二天才能卖出。而股价是实时变化的，即使前一天收盘时有折价，第二天开盘就卖出，也不一定能保证百分百的套利成功。而且，当套利的人足够多的时候，买入可转债的人就会变多，可转债价格就会被抬高，卖出正股的人就会变多，股价就会下跌。折价最终回被抹平，变成溢价。因此，折价的机会很少出现，对操作要求也较高，不适合普通投资者。

第六章

投资中的"拦路虎"——非理性行为

巴菲特曾说:"众人恐惧我贪婪,众人贪婪我恐惧。"相信很多人听过这句话。然而,不管你有多丰富的投资经验,每次不顾外界声音、做出和市场上大部分人都不同的选择时,心中都很难有完全的笃定。

经济学上的理性人假设,似乎只能存在于人们的幻想当中,实践中很少有投资者能做到完全理性,总是或多或少地受到情绪的影响。

为了研究金融市场的非理性行为和决策规律,一个新兴的学科在金融学、心理学、行为学、社会学等学科的交叉边缘地带诞生了——行为金融学。这个年轻的学科在短短20多年里已经获得了3次诺贝尔奖。

只有认识到普通人在投资中的不理性行为,才能有意

第六章　投资中的"拦路虎"——非理性行为

识地去修正它们。

本书最后的篇幅将献给这个新兴学科,用行为金融学中的几个非常有代表性的理论,帮助普通投资者在今后的投资中减少类似的错误。

第一节　忍不住追涨杀跌时,问自己一个问题

"你想做羊群里的羊,还是牧羊犬?"

别人每天都在赚钱的时候,你很难不冲动加仓;账户里每天都在亏钱的时候,你很可能也会一边骂着基金经理一边卖出。因为在人类漫长的进化史中,和群体保持一致行动,是人类基因得以留存至今的一大原因。而在投资中,这种本能的从众反应也叫作"羊群效应",反而会成为人们反复亏钱的原因之一。

为什么呢?

就像羊群一样,它们平时到处溜达,但一旦头羊开始往其他区域迁移,其他羊就会觉得那里会有更好的草,或者这里附近有狼,从而也都跟着头羊转移。散户们在平时也是很散乱的群体,但追涨杀跌的时候却又会出奇地一

致。价格涨上去的时候追涨，而不顾价值可能已经被高估，在低位买入的人获利后容易抛售，造成价格回归到合理区间，后来跟上的投资者在下跌的恐慌中也会跟着抛售，在波动中造成实际亏损。

社会心理学认为，当一个人在一个群体中感觉到自己非理性的一面被统一，比如产生了归属感、认同感之类的情感，这时候个体的智商就会降低到群体中较低的水平，失去理性的判断。

2020年年末至2021年年初，支付宝里一些热门基金的讨论区前所未有的热闹，有编段子的，有相亲的，正经讨论投资的反而没几个，这时候就是个体对这只基金的持有人这个群体身份产生了极大的认同，非理性占了上风。

如果你还想对自己的钱保持理性，下次遇到这种情况时最好立即卖出，远离这种狂欢。记住，投资的时候，太热的地方不要去。

而普通投资者，也做不了牧羊犬，左右不了市场情绪，能做的只是在市场情绪中尽量保持清醒，坚持根据自己的风险偏好和科学配置提前制定好的投资策略，获得应有的收益。

第六章 投资中的"拦路虎"——非理性行为

第二节 中彩票的钱和工资有什么区别

还记得本书开头提到的那些中了彩票的例子吗？人们对于投资获得的收益，往往和中彩票的心理差不多，有一种"不劳而获"的感觉，这笔钱总是会比工资更容易消费掉。

这就涉及行为金融学里的"心理账户"概念。心理账户就是人会在心里把钱分成不同的账户，每个账户对于一笔钱该不该花都有自己的标准。有的是必要且固定的开支，比如日常吃饭；还有的是非必要的浮动性比较大的开支，比如请人吃饭。

一般人会根据钱的不同用处，把钱分为5个心理账户：生活必须开支、家庭建设开支、个人发展开支、情感维系开支、享乐休闲开支。其中，情感维系开支既有必要性又有弹性的特点，也是人们最舍得投资的账户。在节日给自己关心的人买礼物，正是情感维系账户里最容易突破自己消费习惯的情景。你可以回忆一下平时各大商圈里，定位"礼品"的品牌，定价往往十分夸张。各个商家也异常喜欢炒作各个节日的送礼氛围，这都是在利用心理账户。

有意削减开支的人，一定要警惕心理账户不同而造成的不必要的开支。

第三节　损失——生命难以承受之重

2021年春节期间有一则新闻，杭州为了减少人口流动带来的疫情风险，给所有就地过年的外来务工人员发了1000元"在杭大红包"，但是如果领取礼包后又在春节期间离开杭州，需要把这1000元退回。

这个政策非常聪明，比起过完年再统计，给留杭过年的人发1000元奖励，这样能够让更多的人留在杭州。为什么这么说呢？行为金融学里有一个现象叫：损失厌恶。是指人们面对同样数量的收益和损失时，更难忍受损失。同量的损失带来的负效用为同量收益正效用的2.5倍。也就是说，如果在节后奖励，需要发2500元才能达到先发1000元再拿走的效果。

普通投资者投资时，获得25%的收益带来的快乐，不如10%的损失带来的懊恼强烈。这也造成了明星基金经理的基金一旦发生短时间的回撤,就很有可能被骂上热搜的情况。

而这两年各电商平台采用的定金模式,也是利用了消费者的损失厌恶心理。一旦消费者支付了不能退回的定金,就不太可能后悔,很大概率会支付尾款。

第四节 "金窝银窝,不如自己的狗窝"

在各种购物节中,消费者支付定金和尾款时往往在想:"大不了还有7天无理由退换。"然而对于大多数消费者来说,一旦商品寄到手上,即使有一些小不满,也大概率不会退货了。先试用后付款也是这样,除了少数"羊毛党",很少有人会在试用后退货。

这就是行为金融学的一个核心理论:禀赋效应。意思是当你拥有某件东西之后,你会觉得它的价值比没有拥有它的时候高。

现在茅台股价2000多元,但5年前也就150元左右。茅台股票贵吗?还在观望的人觉得太贵了,还是下不了手买入;而持有茅台股票的人,肯定是大部分都觉得还不够贵,还会涨,不然就会出现大规模抛售而造成的股价大幅下跌了。

投资者在投资时,可以参考一些客观的标准来评估手里的资产到底是值这么多钱,还是有很多泡沫。

第五节 永远把成本留在身后

很多投资者冲动买入一项资产发生亏损后,总是想着要回本再卖出。所以,市场在修复前期下跌后的上涨过程中,往往还会有几次向下的震荡,这就是回本的投资者抛售资产造成的。这种情况一方面是损失厌恶心理作祟,另一方面是因为锚定效应。很多投资者都会不由自主地锚定成本价。但其实成本价在买入行为发生后就对今后的收益没有影响了,投资者决定是否卖出一个资产应该是因为这个资产之后的收益预期,而不是现价和成本价的对比。

锚定效应在投资里随处可见。2020年是基金大年,很多新基民都取得了40%~50%的收益,于是在制订2021年的投资计划时,很容易把目标收益率定在30%以上,导致风险偏好也相应变高。

第六章　投资中的"拦路虎"——非理性行为

事实上，巴菲特的年化收益也只有20%多，我们需要把自己的长期目标收益率调整到一个相对合理的位置上，毕竟前两年的低位才给市场留出了如此大的成长空间，而2020年已经涨了这么多，2021年想要复制这种收益是很难的。

第六节　当下享乐偏好

先问第一个问题。你任职的公司要给你5000元年终奖，给你两种选择：A是现在就发给你；B是明年年底再给你，增加10%也就是500元，且不影响你明年的年终奖。你选哪个？

再问第二个问题。同样是5000元年终奖，给你另外两种选择：A是明年年底按时拿年终奖；B是明年的年终奖后年年底再一起给你，同样增加10%。你选哪个？

第一个问题大多数人的第一反应就是选A现在拿到，明年的明年再说。第二个问题却开始考虑，1年10%的稳定收益，这种好事哪里找？我选B吧。

这就是行为金融学里的"当下享乐偏好"。明明是同样的延迟 1 年，拿到手的增加 10%，但是一个涉及当下的时间点，另一个还是远期的时间点，人们的时间偏好是跨期不一致的，马上能拿到的好处对我们的吸引力会被放大很多。

第七节　不要"普却信"

早就有研究表明：股市里散户交易频率越高，其投资回报就越差。

A 股的交易量，有 80% 以上来自散户，但是他们的投资利润回报仅占到 A 股所有盈利的 9%。

这其实就是行为金融学的四大理论之一：人是过度自信的，特别是会高估自己认知的准确性。所以在投资时，一定要有弱者思维，靠耐心和时间赚钱。

要认清自己普通投资者的水平，不要"普却信"。觉得自己笨的，能够守住自己的能力圈；觉得自己聪明的，反而容易当"韭菜"。

以上也只是投资中非理性行为的冰山一角，所以我们才更需要受过训练、遭过市场"毒打"、更理性的专业人士帮忙管理资金，同时也需要通过改变自己的认知，在起起伏伏的市场里保持一颗安定的心。只有认知到位，才能赚到认知内的钱，同时也能获得内心的安宁。

希望看完这本书的人，能够合理配置自己的资产，花费更少的精力，获得自己风险承受能力以内尽量高的收益，把更多的时间用在自我成长、发展事业、创造更多现金流、增加本金，或者是陪陪家人、享受生活上。